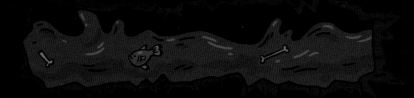

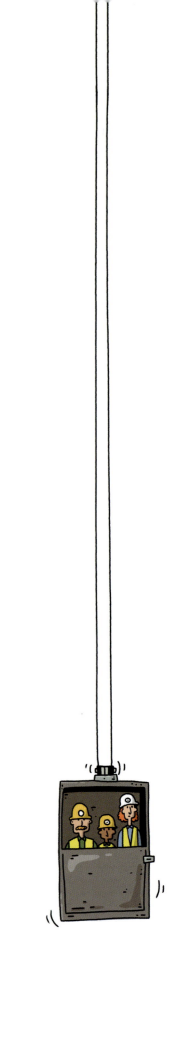

# 藏在地下的秘密

[德] 安妮特·马斯 文　[奥] 霍斯特·黑尔迈尔 图　李 婧 译

贵州出版集团　贵州人民出版社

# 目录

早在4000年前，人类就开始在地下修建城市了，其中很多遗址位于今土耳其中部的卡帕多西亚地区。当时有20 000多人住在那里。最著名的地下城是德林库尤地下城。

# 地下城德林库尤

敌人想要入侵得先找到入口，但是入口难寻，考古学家们直到20世纪60年代才发现这些地下城。

咚咚！

家里没人！

地下城的大门是用巨大的、沉重的石块做成的，它们将入口密封住。这些门从外面是打不开的，外人很难入侵。倘若真有人入侵了，地下城各层之间也可以彻底断开，避免造成更大的损失。

据推测，这些地下城是阿拉伯囚徒开凿出来的。尽管当地的岩层相对较软，容易开凿，但修建工作仍然很艰难：因为当时照明条件差，地下潮湿沉闷，而挖出来的土石要通过人工一点一点运到地面。

啊！

糟糕，又是个死胡同！

有人吗？

能不能把灯打开？

地下城里唯一的光源是油灯，亮度不高，居民们要有很好的方向感才能在复杂的城中找对方向。

在城中，连接家家户户和公共区域的是复杂的通道系统，其中包括很多死胡同，用来迷惑入侵者。有些死胡同里面还有陷阱，一旦掉下去，不借助外力是上不来的。

早上好！

不是晚上吗？

凯玛克里　德林库尤

汪！

不同的地下城之间由通道连接，居民们可以轻松往来，有些通道十分宽敞，三个成人可以并排直立通过。

干净的饮用水来自地下水源。

牲畜栏一般位于地下一层。

地下建有油磨坊。人们用巨大的磨石将橄榄碾碎，获取橄榄油。

除了油磨坊，
还有酒窖。

地下城还有集市一样的公共区域，
许多相邻的坑洞的里面便是商铺。

大部分住所位于地下一层，
多个家庭共用盥洗室和厕所。

一个接近87米的通风井
连接着地面的通风口，通过
精密的通风系统将新鲜的空
气输送到最底层。

在地下深处，人们还建了
一座教堂。

地下7层有一座大厅，是集合
众人讨论重大事务的地方。

教堂对面是关押囚犯的地方。
三根立柱支撑着整个空间，立柱上拴
着铁链。

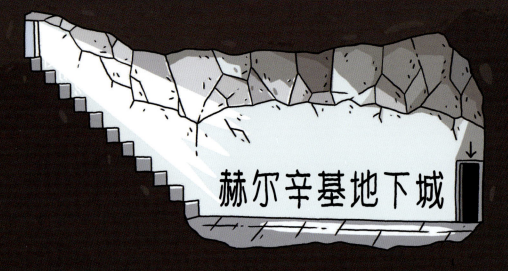

赫尔辛基是芬兰首都。因为按照法律，当敌人入侵时，每一个芬兰人都有权进入防空设施，所以城里有很多防空洞，它们有各种各样的功能。

有一个城区叫伊塔克斯库斯，这里有一座同名的地下泳池，是在防空洞的基础上修建的，里面有水上滑梯、喷泉、跳台，还有50米长的标准泳池。

赫尔辛基有一个地下公交车站，毗邻北欧最大的购物中心，人们等车的时候可以进去消闲。

芬兰人很爱冰球，芬兰国家队在世界冰球领域的排名一直位于前列。赫尔辛基当地的球队会在一座地下冰场训练。

赫尔辛基的城市规划人员希望修建更多的地下设施，包括发电厂、街道以及停车场等。因为城市发展迅速，为了保证地面上有足够多的住房和尽可能少的车流，许多基础设施尽量建在地下。

赫尔辛基地下城存在的前提是城市之下、街道和巨大的岩石。在岩石里建造的地下大厅、其他基础设施十分牢靠，也省去了很多维护墙面和窗户的费用，因为岩石是完全不需要粉刷的。

每天大约有3000辆卡车在赫尔辛基的地下运送货物。

昨天的水池还不是这样的呢。

有些地下通道的使用方式出人意料。比如，赫尔辛基游乐园翻新的时候，人们干脆把一条地下通道灌满水，鲨鱼馆的鲨鱼们就这样轻轻松松地搬家啦！

垃圾往哪里放？当然也是送到地下！赫尔辛基港口区设有垃圾抽吸装置，它可以将分好类的垃圾以70千米每小时的速度送往地下处理站，这样地面上就不需要垃圾车了。

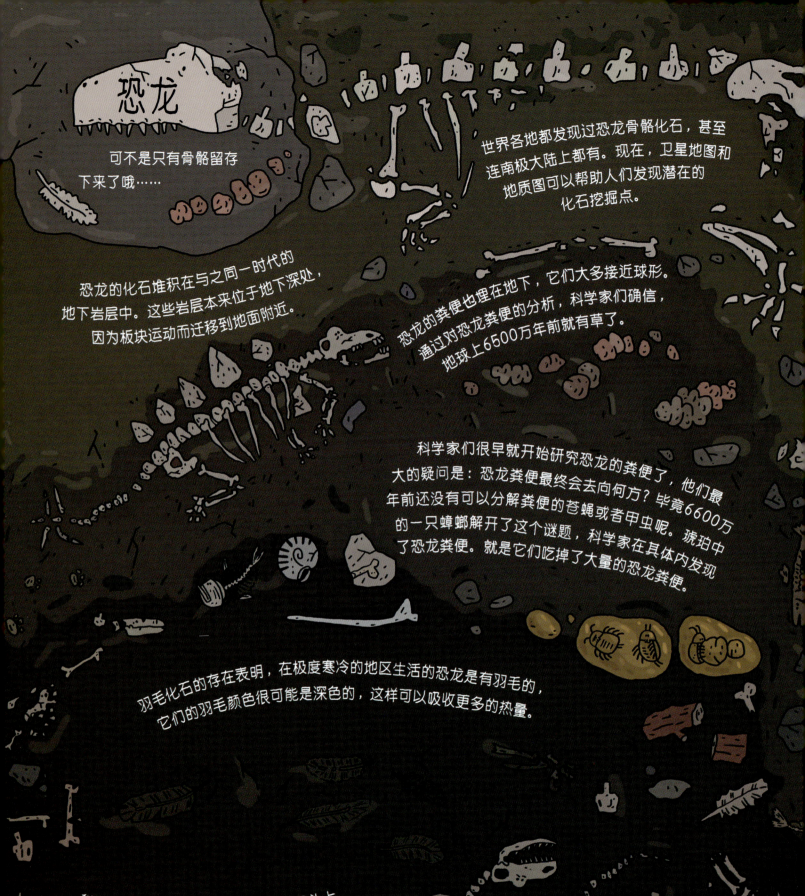

# 恐龙

可不是只有骨骼留存下来了哦……

世界各地都发现过恐龙骨骼化石，甚至连南极大陆上都有。现在，卫星地图和地质图可以帮助人们发现潜在的化石挖掘点。

恐龙的化石堆积在与之同一时代的地下岩层中。这些岩层本来位于地下深处，因为板块运动而迁移到地面附近。

恐龙的粪便也埋在地下，它们大多接近球形。通过对恐龙粪便的分析，科学家们确信，地球上6500万年前就有草了。

科学家们很早就开始研究恐龙的粪便了，他们最大的疑问是：恐龙粪便最终会去向何方？毕竟6600万年前还没有可以分解粪便的苍蝇或者甲虫呢。琥珀中的一只蟑螂解开了这个谜题，科学家在其体内发现了恐龙粪便。就是它们吃掉了大量的恐龙粪便。

羽毛化石的存在表明，在极度寒冷的地区生活的恐龙是有羽毛的，它们的羽毛颜色很可能是深色的，这样可以吸收更多的热量。

科学家们在纳瓦霍猛龙前肢的10根骨头上发现了羽毛根部的痕迹，他们据此推测：这种恐龙全身覆盖着羽毛，尽管到目前为止还没发现它们的羽毛化石。

2019年，专家们在法国发掘出了一块保存完好的化石。这根蜥脚亚目恐龙的大腿骨长约2米，重达400千克！

恐龙窝和恐龙蛋也可以变成化石。可惜大部分恐龙蛋在变成化石前就被压碎了。它们的蛋壳究竟是像两栖动物的一样软，还是像鸟的一样硬呢？根据已有的研究，有两种恐龙的蛋是软壳，除此以外，其他恐龙蛋的壳应该是硬的。

在中国曾经发掘出一些黄氏河源龙的完整恐龙蛋，它们应该有蓝绿色的外壳。即使已经成为化石，其蓝绿色色素也可以检测到。这样的保护色让它们在草丛中几乎能隐形——白色的蛋更容易让捕食者发现。

# 化石战争

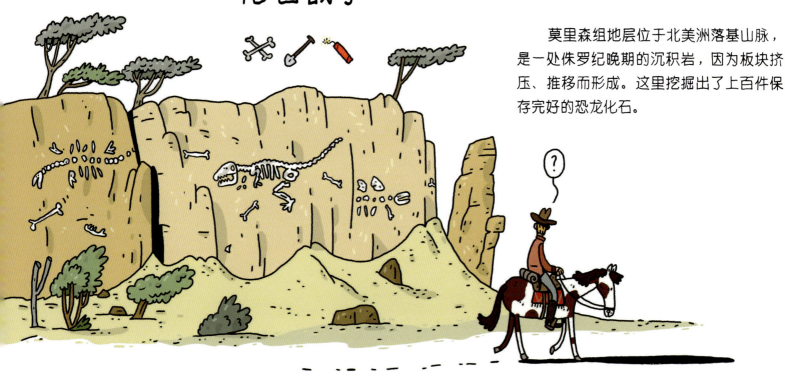

莫里森组地层位于北美洲落基山脉，是一处侏罗纪晚期的沉积岩，因为板块挤压、推移而形成。这里挖掘出了上百件保存完好的恐龙化石。

19世纪后期，这里曾爆发"化石战争"。"化石"当然指的是恐龙的化石，"战争"的双方是奥塞内尔·查尔斯·马什和爱德华·德林克·柯普。

这两个人为了发现更多新的恐龙种类而激烈竞争。他们发现的著名种类有异特龙、剑龙和迷惑龙等。

奥塞内尔·查尔斯·马什

爱德华·德林克·柯普

马什和柯普在搜寻完一片区域后，会盼咐手下毁掉"没用的"化石，甚至不惜使用炸药，为的就是不让对手有任何发现。这种恶性竞争给科学界带来了巨大的损失！

著名的猎手"野牛比尔"负责捕获野牛，给挖掘化石的队员们提供补给。

化石战争的起因很简单：柯普在拼接一只薄片龙的骨头碎片时，把脖子和尾巴的位置搞错了 —— 他将头骨放在了尾端。马什发现这个错误后，对柯普大肆嘲笑，这激怒了柯普，自此以后柯普就向他的老朋友宣战了。

哈哈哈……你还真是头尾不分啊！

我向你宣战！

挖掘恐龙化石是一项非常艰苦的工作。想要完整地挖出化石，有时要在荒凉而酷热的地方挖上好几年！所以马什和柯普才害怕对方更快获得新发现。

# 神秘的地下水宫

伊斯坦布尔老城区的地下有一座古老的水宫，叫耶莱巴坦地下水宫，是东罗马帝国皇帝查士丁尼一世命人修建的，用来为皇宫提供饮用水。水宫可以容纳大约80 000立方米的水，其水源自贝尔格莱德森林，通过高架渠输送到伊斯坦布尔。另外，也有当地的地下水注入这里。

地下具有充足的储水空间很重要，因为那时候的城市存在被敌军包围消耗的危险。一旦敌军破坏高架渠，事先储备的水能保证皇帝和民众的饮水安全，这在战争时期至关重要。

这座位于伊斯坦布尔的地下水宫有140米长、65米宽，共有12列拱顶，每列有28根立柱支撑。这336根柱子其实并不是为水宫量身打造的，而是从整个地中海地区的教堂、宫殿等地方拆除后搬运过来的，这样的做法在当时很常见。

在两根短了一截的立柱下面各有一个美杜莎的头部雕像：一个是侧着的，一个是上下颠倒的。美杜莎是古希腊神话中的蛇发女妖，传说直视她的眼睛会让人变成石头。

水宫落成后，建造者还以为不会再有谁能看见这座宫殿了，但注水时有一只鲤鱼不小心游了进去。如今，水宫是伊斯坦布尔著名的景点。

后来，拜占庭帝国的皇帝们不再住在君士坦丁堡（今伊斯坦布尔），水宫被人遗忘了千年之久。

1545年，自然学家皮埃尔·吉勒发现了耶莱巴坦地下水宫。他原本是受法国国王之托在土耳其寻找贵重家具，由于听到不少当地人说他们能从自家地上钻的洞里打出水，甚至能在家里钓鱼，就赶紧申请并获得了挖掘许可，从而发现了水宫。

直到1723年，这座水宫都还用来蓄养淡水鱼。1723年水宫得到首次修缮，1987年起对游客开放。耶莱巴坦地下水宫拥有独特的艺术魅力，其式样各异的立柱在清澈的水中投下美丽的倒影。肖恩·康纳利版的邦德就曾在这里上演过精彩的剧情，还有很多电影也在这里取过景。

水宫里有一根布满泪珠般纹路的立柱，据说在这根柱子前许愿，可以带来好运。不过，只有用拇指按在泪珠的凹洞中顺时针转360度的人，才能愿望成真。

# 雨水池

由于气候变化，雨水疏导变得前所未有的重要。全球各地的突发强降雨越来越频繁，这些雨水必须要能及时排走。城市里大多是沥青或者水泥地面，无法渗水，所以在地下修建雨水池很有必要。及时排走雨水，既可以保护地下建筑和地下通道，防止被淹没，又可以避免污染地下水源。

我反正不知道。

我也不知道！

反正也没人关心我知不知道。

欧洲最大的雨水池在德国慕尼黑的鹿园。鹿园是慕尼黑的一处大型公园，里面有黇（tiān）鹿、盘羊，以及露天啤酒餐厅、滑冰场和儿童游乐场等设施。很少有人知道这里的地下有一个两层楼高的雨水池。

这个雨水池绰号"巨人"，可以容纳大约90 000立方米的水。如果是强降雨，1.5小时就可以灌满，抽干全部的水则需要24小时。

"巨人"由4个池子组成。当第一个池子被灌满，多余的水便流入第二个池子。

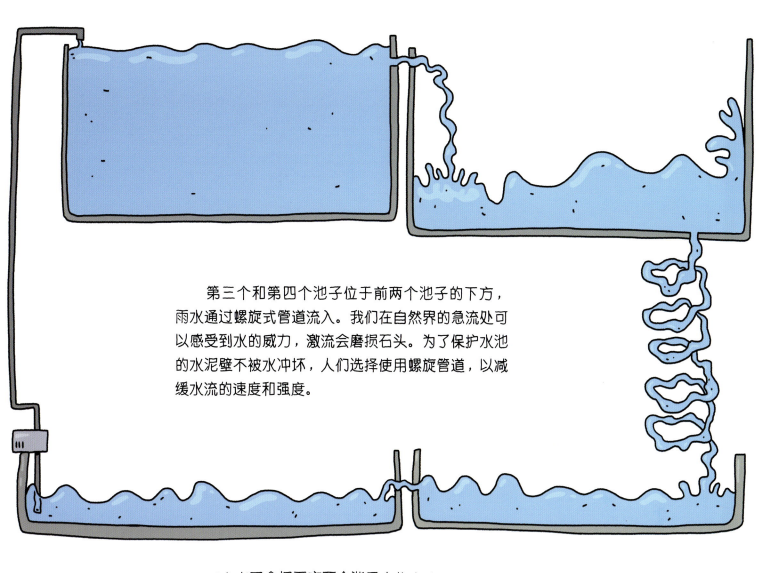

第三个和第四个池子位于前两个池子的下方，雨水通过螺旋式管道流入。我们在自然界的急流处可以感受到水的威力，激流会磨损石头。为了保护水池的水泥壁不被水冲坏，人们选择使用螺旋管道，以减缓水流的速度和强度。

强降雨过后，7个水泵会把下方两个池子中的水抽到上方，然后通过高差自然而然地流走。

我那些水洼里的兄弟们肯定不相信我都经历了什么。

尽管"巨人"位于地下16米的地方，时不时还是会有青蛙跑进水池，这时候就需要工作人员把它们打捞出来送到地面。

水池装满90 000立方米的水后肯定很重。这座浮在地下水上的水池就像一艘大海中的船。

# 英法海峡隧道

1994年5月6日,法国总统弗朗索瓦·密特朗和英国女王伊丽莎白二世为英法海峡隧道落成剪彩。

早在落成典礼的三年半以前,就上演过激动人心的一幕:在隧洞打通的那一刻,英方工程师格雷厄姆·法格和法方工程师菲利普·科泽特握手庆祝并交换了国旗。

隧道共计50.5千米长,英国段和法国段的工程都修建得非常精准,最终连通时只有2厘米的偏差。

工人们通过一台巨大的机器挖掘隧道,可以一次性实现挖掘、运走泥土、用混凝土稳固隧道墙壁和铺设轨道等多项任务。

* 图中分别为法语和英语中的"你好,先生"。

有许多鱼类在英法海峡中畅游，时不时会有人试图通过游泳横渡海峡。

隧道的海底部分有37.5千米长，隧道顶部到海底的平均垂直
距离约为40米。这里是一层泥灰质白垩岩，这种岩层干燥稳定，
几乎可以将隧道完美包裹，成为天然的防渗水层。

紧跟着隧道挖掘机的是一辆火车，它负责
运输建筑材料和能源补给，车上还设有医务室
和员工休息室。

隧道的修建三班轮换，昼夜不停地
持续了三年。

通行在隧道中的列车被称作"乐谢拖"（Le Shuttle），是为英法海峡隧道特别设计的。
列车上没有座位，公路车辆可以直接驶入列车，人坐在自己的车里就行。

隧道中不允许运输可燃物质，所以没有运送
天然气、汽油和其他化学物质的卡车通行。

赛马在英国和法国非常流行，隧道
中平均每天会运送约20匹赛马。

英国

法国

隧道的一条运行通道中是法国开往英国的列车，另一条
运行通道中是反方向的列车。每条通道中每小时有5趟列车。
如果寒暑假人流剧增，每条通道中每小时可通行12趟列车。

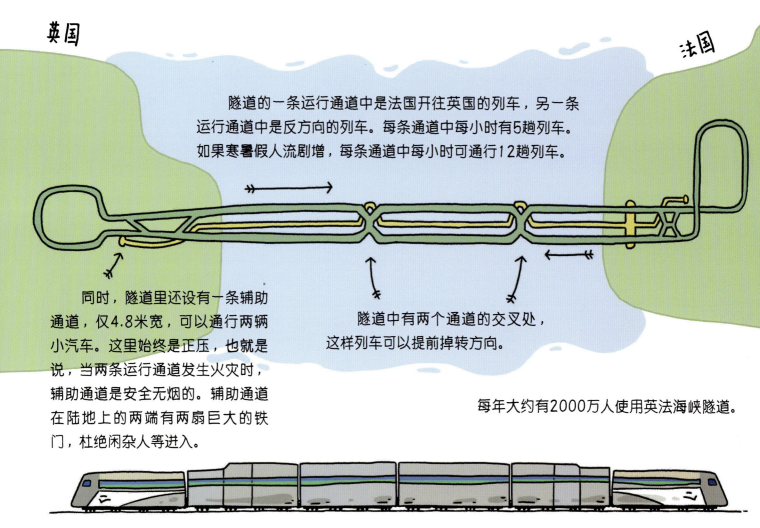

同时，隧道里还设有一条辅助
通道，仅4.8米宽，可以通行两辆
小汽车。这里始终是正压，也就是
说，当两条运行通道发生火灾时，
辅助通道是安全无烟的。辅助通道
在陆地上的两端有两扇巨大的铁
门，杜绝闲杂人等进入。

隧道中有两个通道的交叉处，
这样列车可以提前掉转方向。

每年大约有2000万人使用英法海峡隧道。

每趟列车有前后两个火车头，如果一个火车头出现故障，另一个火车头可以将列车从反方向拉出隧道。

在英国和法国之间修隧道不是什么创新的想法，早在1750年，地质学家尼古拉·德马雷就有此意，但他不是土木工程师，所以没有提出现实可行的计划，也就不了了之了。

法国的矿山开发工程师艾梅·托梅·德加蒙一直希望连通英法大陆。他在1834—1867年之间一共提出了8个修建英法隧道的方案！

1798年，矿山开发工程师阿尔贝·马蒂厄-法维耶提出了切实的实施计划。这个计划可谓惊天动地！他想在隧道上方修建直达海平面以上的烟囱，为隧道通风。这样就可以在隧道里面点上蜡烛，让人们乘着马车通行。马蒂厄-法维耶还想在海峡中央填造一个人工岛，让劳顿的马匹休息，人们换了马以后可以继续前行。如果建成，这条位于英国多佛尔和法国加来之间的隧道共计将有35千米长，马车可在5小时内穿过。

1802年，法维耶向拿破仑展示了他的计划，拿破仑对此大加赞赏，但由于政治原因，计划破产：当时英法两国交恶，自然没心情修建连通两国的隧道。

当英国工程师威廉·洛与德加蒙合作时，两人带着80 000英镑（约合人民币736 008元）初始资金成立了隧道公司。1882—1883年，该公司如火如荼地挖起了隧道。法国一侧挖了1839米，英国一侧挖了1850米。但之后计划搁浅，主要是因为岛国英国突然很没有安全感，害怕法国士兵通过隧道入侵。

# 防空洞医院

在一座学校的角落里有扇
不起眼的门，走下几级台阶，
人们便仿佛进入了时间隧道，
回到了20世纪60年代。

德国共有22所建在防空洞里的医院，其中有一所
保存得非常完好，因为它是1965年才落成的。防空洞
医院可以在空袭的时候保证医疗救助的正常进行。

这所医院的大门重达700千克。

实验室 →
放射科 →
厨房 →
手术室 →

医院走廊的墙壁是白色的，在差不多
肩高的位置有一道绿色的荧光漆。如果停电
了，可以借助绿漆发出的微光辨明方向。

像其他医院一样，
防空洞医院也会接收病人。
病人的私人衣物上可能沾有病菌，所以要被焚烧处理。这里有幼儿部、青少年部、重病患部和普通成人部
4个住院部，手术后病人可以根据情况入住。

如果摔断了腿，病人要先拍X光片，X光片可以由放射科助手在实验室中处理成像，接下来病人便
可以接受石膏处理了。

这所医院也设有分析血液成分的实验室。

为了避免医院受到核爆炸的放射线
影响，建筑外围包裹了60厘米厚的钢筋
水泥层，在这层外面又包了一层铅。

在与外界完全隔绝的情况下，这所防空洞医院可以供650人生活两个星期。医院设有430个床位，共150名医生和看护，另有70人是行政和技术人员。

医院的病床都是双层床，而且摆放得很紧密，没有任何地方供病人放置个人物品，也没有吃饭的桌子。

医院工作人员睡的是三层床。

手术室的旁边设置了消毒室，用过的手术工具消毒后可以再次使用。

厨房里有一个大蒸锅，用来加热罐头食品，650个人可需要不少罐头呢！

直到1996年，这所医院都处于随时可以接收病人的状态，但它从来没有投入使用过。

# 地下大楼

在瑞士苏黎世市中心有一座地下大楼，它实际上是一座坚实的防空建筑，现在属于瑞士联邦铁路公司，此前由军事铁路运输部门管理。

大楼共有10层，军事代号为K85，有两部电梯。

这座防空大楼是1989年修建的城铁隧道的副产品，当时通往地下的通道就成了大楼的主体。

城铁隧道和K85大楼之间有一条通道，如果军队进驻大楼，不会引起地面上任何人的注意。士兵们只需要乘坐城铁，然后在隧道中停下，前往大楼即可，整个行动可以做到完全保密。

城铁隧道通往K85大楼的入口如今是一处紧急出口。如果列车发生故障或者出现险情，乘客们只需跑向地下大楼，然后坐电梯便可迅速到达地面上的苏黎世市中心。

# 秘密货币

20世纪60年代至1988年之间，德意志银行在科赫姆的防空洞里存储着150亿备用马克。这是德国当时害怕被假钱潮侵袭所做的预防措施。大量假币的出现会破坏当地经济，所以携带假币入境算得上是一种战争行为。

14 000 000 997,

这两栋普通民宅表面上看起来是德意志银行员工的培训地，完美地掩盖了防空洞的入口。这里原来的主人是一名医生。

德意志银行的员工每三个月就会从法兰克福到科赫姆检查和清点秘密货币。这种货币最酷的就是它无法被伪造，因为几乎没有人见过它！

14 000 000 998,

**你昨天看比赛了没?**

在战争、核爆炸或者自然灾害时期，这所防空洞里可以容纳175人。

防空洞里还有厨房、卧室和浴室等设施，能让这些人在不与外界接触的情况下生活两个星期。

都怪你，现在我不知道数到哪儿了！

防空洞里甚至还有电话和电报，可以和外界保持联系。如果外界一团糟，银行工作人员还可以在防空洞的办公室里处理账户事务或者发行秘密货币。不过问题来了：都天下大乱了，货币还有什么用呢？

# U 地铁

地铁，指的是在地下行驶的列车。但其实地铁不一定始终在地下，有时候它们也行驶在地面上，甚至开在高架轨道上。地铁轨道是地铁交通特有的。地铁的运行距离短，可以承载很多乘客。

德国的地铁信号系统十分有趣，一般分为主信号、预信号和速度信号。主信号最重要，它用来控制进站情况和列车进站速度。

地铁列车刹车距离较长，所以司机需要及时知道什么时候该刹车。预信号负责及时传达刹车指令。

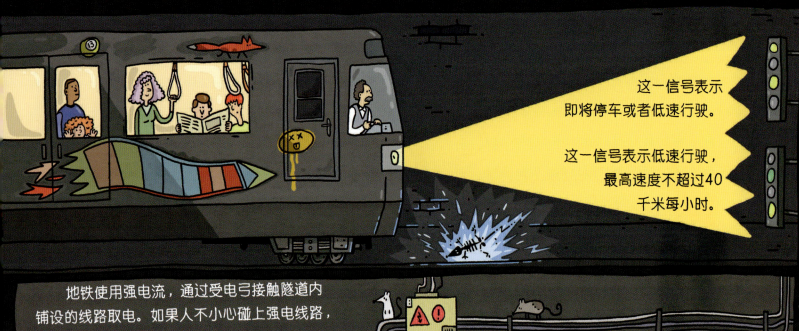

这一信号表示即将停车或者低速行驶。

这一信号表示低速行驶，最高速度不超过40千米每小时。

地铁使用强电流，通过受电弓接触隧道内铺设的线路取电。如果人不小心碰上强电线路，就会没命的。

这一信号表示"停车"，如果列车仍然继续行驶，会被自动刹车。

地铁列车中有紧急制动装置，如果乘客在列车停靠站台时启动它，列车会停在原地。

比如，有乘客的脚夹在列车和站台之间，这时紧急制动可以极大地降低危险。

地铁站台边缘特定的细长纹路砖相当于盲道，便于盲人顺利通行。

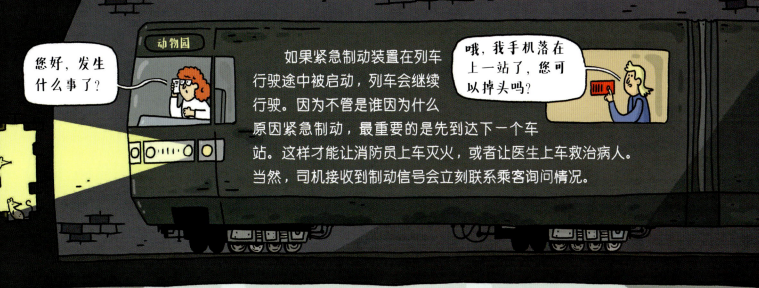

如果紧急制动装置在列车行驶途中被启动，列车会继续行驶。因为不管是谁因为什么原因紧急制动，最重要的是先到达下一个车站。这样才能让消防员上车灭火，或者让医生上车救治病人。当然，司机接收到制动信号会立刻联系乘客询问情况。

地铁站台设有紧急制动闸，可以阻止列车进站。

很多地铁站轨道下方有一个安全空间。如果等车的乘客不小心摔下站台，会掉进安全空间，不会被车轧到。

地铁控制中心调控着整个地铁网络的运行，所有信息都在此集中处理。司机们汇报途中遇到的问题，站内工作人员汇报站内情况。控制中心的调度员在地铁运营过程中扮演着重要的角色。

调度员监控着列车准时与否，这关系到地铁全天的运营情况。他们在大屏幕上看着所有列车行驶的信号，调度起来一目了然。如果某辆列车出现故障，调度员将及时调离故障列车，并且调整相关列车的进站时间。

信号控制人员负责操作转辙器、发送指示信号和切换车头与车厢。他们也在地铁控制中心的大屏幕前工作。

调度员和地铁广播人员合作十分紧密。广播人员获得调度信息后，会通过地铁广播向乘客们通报晚点情况以及原因。

如果技术人员需要修理列车、轨道或者解决别的故障，必须先得到调度员的允许才可以进入隧道。

奥托·科洛曼·瓦格纳是奥地利著名的建筑师，他主持修建了奥地利首都维也纳的城市铁路系统项目。1892年7月18日，该项目启动，瓦格纳设计了沿途的车站、高架桥和其他类型的桥梁。

# 维也纳城市铁路

如今维也纳的地铁和城铁系统就是在一百多年前的城市铁路系统的基础上修建的。你可以在4号线和6号线沿途看到城市铁路当年的风采。当然，现在加入了监控系统、电梯、盲道系统和现代灯光，但除此以外都是百年前的建筑，仍然能完美应对现代社会大量的客流。

1925年的维也纳城市铁路系统已经实现了全面电气化，此前的列车还都是蒸汽驱动的。当时的列车很像现在的有轨电车。

20世纪50年代开始，家用汽车越来越多，市中心第一区的道路十分拥挤，总是堵车。解决的办法只有一个，就是让公交车转到地下。

1968年1月26日，维也纳城市议会签署了修建地铁的决定。1969年挖掘工作展开。1973年8月18日，第一辆列车被重型吊车送入完全开放的隧道内试驾。

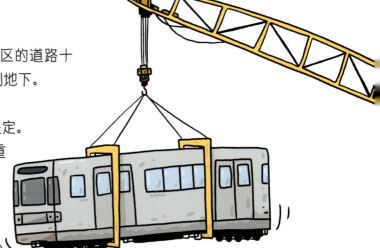

维也纳的地铁系统里有很多秘密隧道，这些隧道连通了不同方向的轨道，可以快速将列车送往某个线路或者送去修理厂。司机对此都很熟悉，但普通乘客则不清楚其中的奥秘。

# 开采黄金的罗马人

古罗马人用黄金铸造珍贵的钱币和珠宝，他们一直为黄金而疯狂。古罗马最大的金矿拉斯梅德拉斯位于今天的西班牙东北部。

矿工们昼夜不停地在狭窄的坑道内挖矿。

根据历史学家老普林尼的记载，
这里的坑道经常坍塌，很多矿工因此丧命。

古罗马人开采黄金的诀窍在于使用水的力量。

矿工们在山上有规律地向下挖。这些坑道
没有目的地，都是死胡同。

接下来他们往坑道里高速灌水，这使得山体中的压力变大，以至山石爆裂或崩塌。

这片矿山完美呈现了两千年前人类对自然的大规模改造，于1997年被列入世界文化遗产。

被炸开的山体颜色泛红，
在阳光下熠熠生辉。

直到今天，古罗马人挖掘
和爆破的痕迹还清晰可见。
历史学家老普林尼写道：
拉斯梅德拉斯金矿的成就
超越了古代的伟人们。

当时大约有20 000名奴隶负责从碎石中筛选和淘洗金子。

干得不错！

谢谢长官……

一吨碎石里有3—5克黄金，含量丰富
的金矿可能稍微多一些。直到今天，
金矿挖掘仍是浩大繁复的工程。

古罗马人在西班牙开采黄金的历史超过两百年，他们将大约
一亿立方米的山石和泥土堆积在大约20平方千米的区域中。
他们用这些土石修建的城墙直到今天仍然屹立不倒。

# 黄金为什么值钱？

因为黄金数量有限，所以它很值钱。人类至今挖出了16万—20万吨黄金。从古埃及到阿兹特克文明，到古罗马，所有人都喜欢黄金。世界上还有部分金矿未被开发，因为它们大多分布在海底之下数千米的地方，很难开发。

黄金象征权力和财富。不论帝王将相，还是王公贵族，那些最有财富和权势的人都在使用黄金来彰显自己的权力。

很多电子产品中都有黄金，它在医疗界也扮演着重要角色。

每部手机里都有几毫克黄金。

黄金结实耐用，经常用于制作假牙。

和其他投资产品相比，黄金不会失去价值，在经济危机时可以稳定保值。

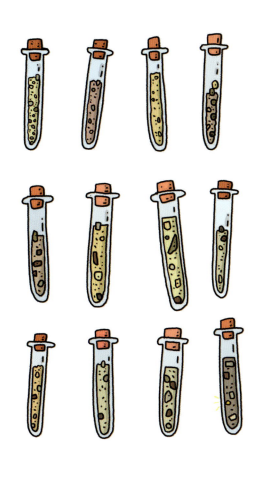

只有确认一个矿山的矿量足够运营几十年，它才会被开发。

地质学家们努力寻找金矿，但金矿开发成功的概率只有大约三千分之一。

如今开采金矿全靠大型的矿产公司。以前为了开矿，人们无所不用其极，大肆破坏环境。现在仍是如此，只是矿产公司需要在封矿后尽可能恢复当地的生态系统。

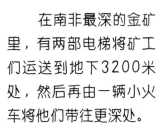

在南非最深的金矿里，有两部电梯将矿工们运送到地下3200米处，然后再由一辆小火车将他们带往更深处。

金矿里看不到闪闪发光的金子，而是含有黄金的原矿石。

人们用金属球将原矿石碾碎。

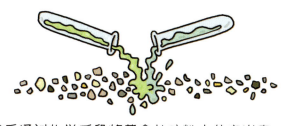

然后通过化学手段将黄金从矿粉中分离出来。在不正规的小金矿上，这一化学分离过程会对环境造成极大的破坏。

如今找矿依然是一件很困难的事，所以金价持续居高不下。

# 盐矿洞

盐矿洞位于地下，空间开阔，里面甚至有长长的道路。洞中温暖干燥，温度始终在28摄氏度左右。

洞中的道路上行驶着巨大的施工车辆，它们比一般建筑工地上的车要大得多。

木桩支撑着洞内通道，它们不仅可以保护地下人员的安全，也能保证周围的居民不受矿洞坍塌的影响。

有些专用车辆十分扁平，甚至能开进高度仅1.6米的通道。

以前在德国南部和奥地利，因为下楼梯太慢，矿工们都是坐着"滑梯"滑进矿井。如今都是使用升降机，升降机看上去有点像笼子，下降速度很快。

运输车辆在地下也会损坏，必须尽快修理。修理工作就在地下这个四面墙壁都是盐矿的大厅里进行。

矿工们到了地下要把自己的出勤名牌挂到值班表上，这样下班后才能确定是不是所有人都安全上来了。

巨大的卡车将开采下来的大盐块运上地面。

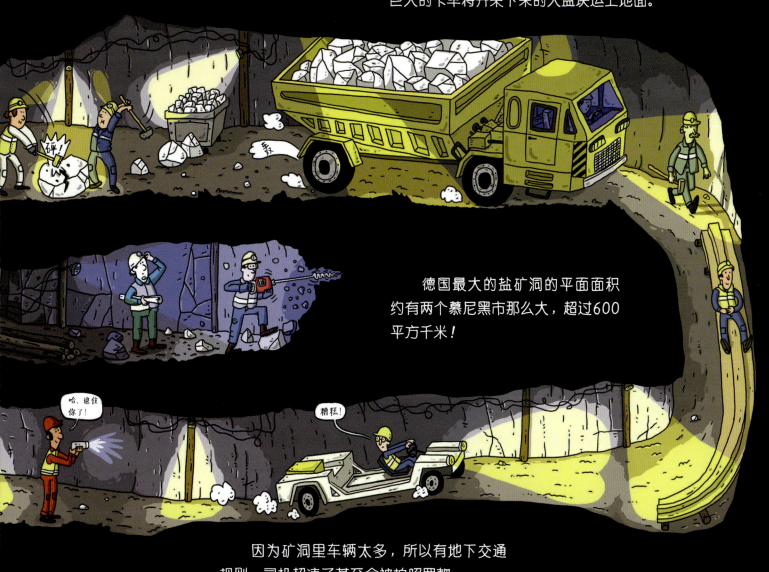

德国最大的盐矿洞的平面面积约有两个慕尼黑市那么大，超过600平方千米！

因为矿洞里车辆太多，所以有地下交通规则，司机超速了甚至会被拍照罚款。

所有备用零件和工具都放在这个大厅里，毕竟为了一个螺丝跑上跑下太费时间。

除此之外，还有很多小房间作为办公场所，因为地下有太多人、车和其他机器，需要有人来管理。

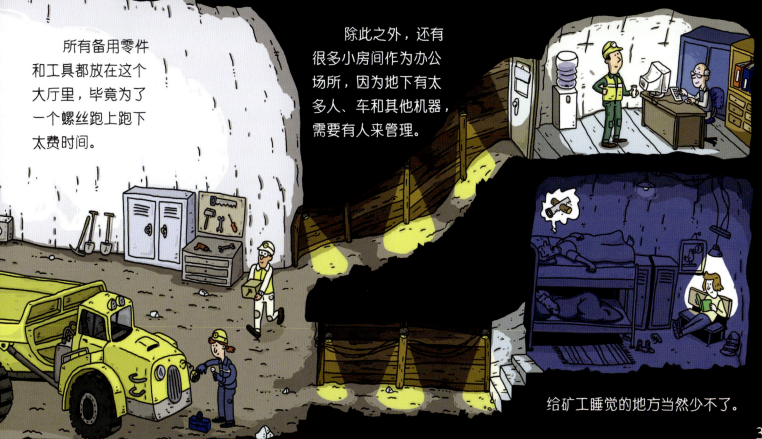

给矿工睡觉的地方当然少不了。

每个人每天都需要盐，所以盐的开发和贸易历史悠久。但并非所有开采出来的盐都用作食用盐，盐还可以用来生产玻璃、化肥、牙膏、纸张和药品。冬天的时候，人们会在道路上撒盐，加速冰雪的融化。

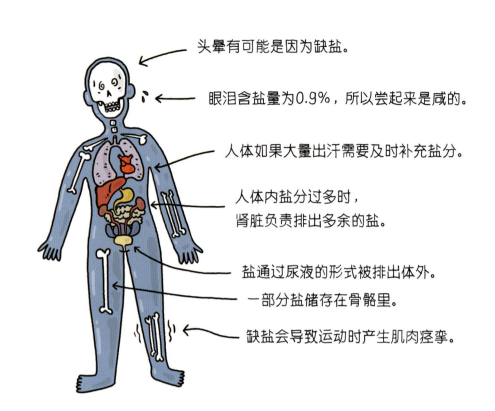

## 人体

人体中一定得有盐才能正常运转。成年人身体中大约有200克盐，它们以液体形式存在，所以眼泪和汗水都是咸的。人体细胞和器官都需要盐才能运转，缺盐会造成人体水吸收和代谢的紊乱。

头晕有可能是因为缺盐。

眼泪含盐量为0.9%，所以尝起来是咸的。

人体如果大量出汗需要及时补充盐分。

人体内盐分过多时，肾脏负责排出多余的盐。

盐通过尿液的形式被排出体外。

一部分盐储存在骨骼里。

缺盐会导致运动时产生肌肉痉挛。

以前的矿工们下矿井都要带上金丝雀。一开始只是因为它们的叫声婉转悠扬，后来人们发现，地下严重缺氧时，金丝雀会变得不安，不再歌唱。

这时候矿工们必须赶紧获取新鲜空气！金丝雀的肺对**毒素**的反应速度比人类的肺快16倍，所以过去在德国煤炭重地鲁尔区，人们使用金丝雀作为一氧化碳指示器，避免矿工因此**中毒窒息**。

# 盐是怎么跑到地下的？

数百万年前，有的海洋渐渐变成了没有水源的内陆湖。湖水蒸发，在陆地上留下了厚厚的盐层。

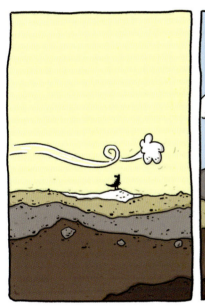

因为板块运动和风力作用，这些盐辗转到了地下。

地下盐矿多以盐丘形式出现，看上去像蘑菇或者倒着的水滴。盐丘可以高达几千米。

公元前1000年左右，凯尔特人首先发现了盐丘，开始大规模在山中开采盐矿。

# 洞穴
# 里面有什么?

洞穴是自然形成的空腔, 通常位于地下。它们部分或完全被岩石包围, 内部有空气或水。

洞穴专家们通常是这样定义洞穴的。

地下有很多流水, 有时候是涓涓细流, 有时候是滚滚洪流。流水将岩石上能溶于水的物质都冲走, 比如盐晶和石膏。但想要冲走石灰岩则需要酸性的水才行 —— 水冲不走、溶不掉的最后就成了溶洞的主体部分。

要用酸性清洗液才能去除 —— 我们都知道洗手间的碱性水渍

有些洞穴里有酸性的水滴下, 将石灰岩中的碳酸钙溶解。

洞顶富含碳酸钙的水向下流动, 发生反应, 渐渐形成锥状的物质, 我们称之为钟乳石。滴到洞底的富含碳酸钙的水也发生反应, 沉积形成石笋。

如果时间足够长, 钟乳石和石笋最终将融为一体, 成为石柱。

不管是洞底还是洞顶, 石灰岩的溶解产物每长一毫米都需要十年。影响其生长速度的有三个要素: 水量、石灰岩的碳酸钙含量, 以及洞内温度。

美国肯塔基州的猛犸洞穴在地下长达590千米, 相当于德国慕尼黑到柏林的距离。那得是多少水用了多长时间打造的啊!

人们在猛犸洞穴中发现了7具干尸，证明早在两千多年以前人类就已经进入过这个洞穴。

根据残留下来的草鞋和火把遗迹，可以推断出当时有很多人在洞穴里探寻，他们可能是在寻找石膏。

1935年，人们发现了"走丢的约翰"——一具有2300多年历史的遗体。"走丢的约翰"大约45岁，1.6米高，因被坍塌的岩壁掩埋而丧命。它是7具干尸中唯一保存至今的。

猛犸洞穴的各个小洞穴顶上经常有很多蝙蝠，它们的粪便掉落在洞底。

19世纪下半叶，猛犸洞穴里甚至有一支乐队，他们在洞中几个景观尤为壮丽的地方为访客们提供娱乐。据说在旅游淡季的冬天，该乐队在肯塔基州最大的城市路易斯维尔演出。

人们可以从蝙蝠粪便中获取制造火药所必需的硝酸钾，所以在1800年前后有很多人来到猛犸洞穴收集蝙蝠粪便。

# 洞穴里的气候

洞穴中也有气候。如果一个洞穴和地面完全隔离，处于全封闭状态，那么洞里的温度和湿度是不变的。但事实上，洞穴之外的环境极大地影响着洞里的气候。

洞穴的入口一般都很狭小，里面则宽阔无比，同时有许多更狭小的分支通往地下深处。如果洞外气压升高，那么空气会进入洞穴。反之，洞外气压降低，洞穴中的空气会缓缓流出。

不管是哪种情况，想达到洞穴内外气压一致，是需要很长时间的。由于洞穴内外的气压变化，洞中的空气也在流通。狭窄的位置很容易测量，在宽阔的大洞里则需要很精密的仪器才能证明空气在流动。在美国南达科他州的风洞里，人们很容易感知空气的流动，游客们的头发都能被吹得飘起来。

地表气温影响着洞穴中的气候。在阿尔卑斯山脉的德国巴伐利亚段有着著名的舍伦贝格冰洞，其入口位于海拔1570米的地方，洞里有超过60 000立方米的冰，有些冰厚达30米。

1925年起，舍伦贝格冰洞对游客开放，但游客们要经过三个半小时的徒步登山才能到达入口。

科学家已经探索了冰洞里3621米的长度，但游客们只能参观500米。

在寒冷的冬天，寒风会吹进冰洞。冷空气很重，所以会沉在洞底。

夏天的时候，山上的气温偶尔可以达到30摄氏度，温暖的空气进入洞穴，但沉积在此的冷空气会阻止暖空气继续深入，所以冰洞中几乎没有空气流动。

呀，好热啊……

如果有很多游客，那么冰洞中的局地气候会稍微有所改变。游客们出汗的身体会散发热量。此外，因为有人走动，冷空气和暖空气会被扰动。

停车场的入口和出口都有道闸，在现代化的停车场，可以对道闸的横杆进行智能控制。

车主进出停车场的时候要刷自己的智能卡，系统识别后可以知道汽车停了多久，从而计算出停车费用。

有些地下停车场提供洗车服务，员工将汽车清洗干净并进行抛光处理，他们还会用吸尘器将汽车里面处理干净。

这样的高级停车场甚至在出口处设有自动擦鞋机和雨伞取用机。

几乎每个停车场都配有给残障人士专用的宽敞停车位，这样使用轮椅的人既可以从汽车侧面下车，也可以从后面下车。

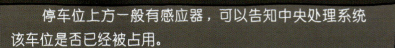
停车位上方一般有感应器，可以告知中央处理系统该车位是否已经被占用。

自动收费机里有电话按钮，如果出了故障，顾客可以直接与技术人员对话。

中央处理系统接着在停车场各层的显示屏上显示该层有多少空余车位。

有的停车场有专门的女性停车位，一般靠近楼梯间或者电梯，那里灯光更为明亮，可以为女性提供一定的安全感。

楼层之间由坡道连接。

共享汽车越来越流行，很多停车场为此设置了专门的停车位。这非常实用！人们可以乘坐公共交通去市区购物，然后到市区的停车场开着共享汽车回家。

有些地下停车场里也有秘密，比如柏林的购物天堂——选帝侯大街商场的地下停车场里有防空洞设施。

地下停车场的坡道可以是直线坡道，也可以是曲线坡道。直线坡道最大坡度不得超过15%，但15%的坡其实已经是非常陡的坡了。

这不像是卖鞋的地方啊……

你从来不喜欢问路……

地下停车场的车位布置各有不同，根据车辆是正方位停、斜方位停还是侧方位停，停车位的宽度会有相应的变化。

这和车辆的转弯半径有关，一般汽车的转弯半径为8—13米。如果通道太窄，无法满足最小转弯半径，关键时刻无法停车，那就太倒霉了！

讨厌！

停车位至少要有5米长，这其实并不长，很多大型汽车的长度就超过了5米。

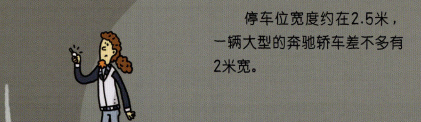

停车位宽度约在2.5米，一辆大型的奔驰轿车差不多有2米宽。

在德国，每年有12—14起地下停车场火灾。着火时，烟雾报警器会启动灭火装置，安装在车辆上方的洒水喷头感应到热量后会出水灭火。同时消防部门也会收到报警。

每个停车场里都配备有消火栓，这样消防员就有足够的水，可以灭掉电动汽车引起的大火。

消防员灭火前需要知道起火车辆的种类，是以汽油或柴油为燃料的汽车，还是电动汽车。燃油车可以直接用水灭火。而想要灭掉电动汽车电池的火，需要上万升的水，一般的消防车根本携带不了这么多的水。

20世纪初，伦敦和巴黎等国际大都市建造了世界上第一批大型停车场。当时很多人有私家车，他们经常开车购物或者逛街，所以停车位告急。世界上最早的地下停车场同时诞生于1955年的瑞士伯尔尼和洛桑。

在地下停车？！啥？接下来还要怎么着？在月亮上打高尔夫？

哈哈哈。亲爱的，不要这么较真嘛……

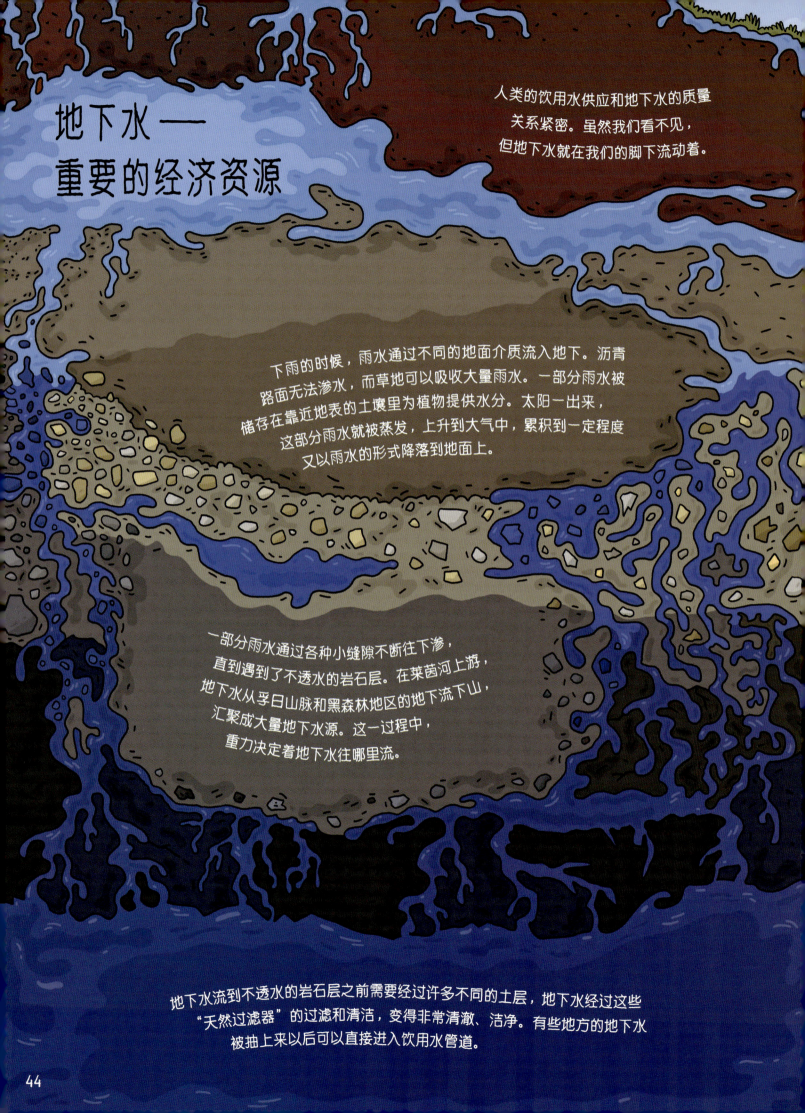

# 地下水——
# 重要的经济资源

人类的饮用水供应和地下水的质量
关系紧密。虽然我们看不见，
但地下水就在我们的脚下流动着。

下雨的时候，雨水通过不同的地面介质流入地下。沥青
路面无法渗水，而草地可以吸收大量雨水。一部分雨水被
储存在靠近地表的土壤里为植物提供水分。太阳一出来，
这部分雨水就被蒸发，上升到大气中，累积到一定程度
又以雨水的形式降落到地面上。

一部分雨水通过各种小缝隙不断往下渗，
直到遇到了不透水的岩石层。在莱茵河上游，
地下水从孚日山脉和黑森林地区的地下流下山，
汇聚成大量地下水源。这一过程中，
重力决定着地下水往哪里流。

地下水流到不透水的岩石层之前需要经过许多不同的土层，地下水经过这些
"天然过滤器"的过滤和清洁，变得非常清澈、洁净。有些地方的地下水
被抽上来以后可以直接进入饮用水管道。

一般有泉水涌出，继而汇集成小溪乃至河流的地方，就有地下水。夏季降水少的时候，小溪和河流中的水大部分来自地下水，有很多湖泊也是靠地下水才能存续。下雨少的地方，湖泊水位降得很快。从大范围来看，地下水总是朝着大海的方向流动，但它在入海之前大多已经露出地表，注入河流。

地表土壤过多地使用肥料、除草剂或者杀虫剂，会污染地下水，所以在水源保护区，严禁做出会污染地下水的行为。

水从地表渗入地下，至少需要50天才能清除所含的有机污染物。有机污染物主要指植物分解过程中产生的对水造成污染的化合物。

地下水不仅在渗入地下的过程中自洁，而且可以把对人类有益的矿物质溶于水，还可以吸收碳酸。人们把这样的地下水装入瓶中，作为矿泉水售卖。在德国，有些矿泉水是天然药品，必须获得德国联邦药品和医疗器械机构的许可才可以售卖。

# 怎样保护地下水？

地下水是全球范围内最重要的资源之一，就算没有人拧开水龙头时会想到这一点，但这是事实。人类和动植物的生存需要淡水。世界上最大的淡水储备是地下水，欧洲最大的地下水储备在莱茵河上游地区。全世界的水资源中只有大约2.5%是淡水资源。

德国每人每天平均消耗130升水。上厕所、刷牙、煮鸡蛋、洗澡、浇花、喝水……用水量可不小！在德国，自来水是可以直接喝的，为了继续保持这个状态，人们必须保护水资源。

药品、颜料和涂料绝对不可以通过马桶或者洗脸池冲掉。再厉害的净水站也没办法全部清除这些东西里的有害成分。它们一旦进入污水系统，将通过水循环进入地下水。

汽车应该去专业的洗车行洗，如果你在自家门口洗车，清洗剂会流入下水道，其中的有害成分很难被彻底净化。

很多私宅花园会使用肥料以及各种各样的杀虫剂，一旦下雨，它们会通过循环进入地下水。

有香味剂的洁厕球不仅贵，而且会给污水增加复杂的有害成分，还是多多通风换气来去除厕所气味吧！

生态农业对水循环有较高的环保标准，所以购买生态农产品也是在为保护地下水出力。

日常生活中针对各种污垢都有专门的清洁剂，清洁地板的、清洁厨房的、清洁厕所的、清洁卫浴的……其实完全没必要。一种好用的万能清洁剂可以满足所有需求，也能减少地下水的负担。柠檬酸或者醋可以有效清洁厨房和厕所里的碱性污渍。

冬天的时候，人们常常在地面撒盐防滑，这些盐最终也会进入地下水，所以最好还是使用沙子或者小石子来防滑。

# 丹布拉金庙

在斯里兰卡中部茂密的森林里有一块巨大的山岩。人们绞尽脑汁也搞不明白这块大石头是怎么跑到这里的。它主要由花岗岩构成，有160米高。

在这块大岩石里有80座洞穴庙宇，其中有5座非常大。从公元前1世纪起，这里就是佛教庙宇，两千多年来一直有人在这里进出。

佛教产生于公元前6世纪至公元前5世纪，创始人是古印度迦毗罗卫国（今尼泊尔南部）释迦族的乔答摩·悉达多。佛教的影响遍布全世界，主要影响区域集中在东亚、东北亚及东南亚地区。

第一座洞穴庙宇中有一尊14米长的卧佛金像，它完全由山岩雕琢而成，全身覆盖着金箔，布满了精美的纹路。

这些洞穴早在庙宇修建之前就存在了。公元前3世纪发生了奇怪的事情：当提萨王开始信仰佛教的那一瞬间，洞穴里长出了一根竹子，所以此地被视为超自然现象和佛教的圣地。

公元前1世纪左右，巴胡王迫于南印侵略势力的压力，踏上逃亡之路。他在丹布拉洞穴中住了14年，之后才重新夺回统治权，重建王国。他命人在洞穴中修建庙宇，因为洞穴被当时的佛教徒视为冥想和祈祷的绝佳之处。

丹布拉洞穴的墙壁上画着精美的壁画，讲述着佛祖的生平故事。尽管壁画历史悠久，且洞中没有阳光照进来，但壁画的色彩仍很鲜艳。

第三座洞穴庙宇建成得较晚，里面有50尊或站或坐的佛像。在这座7米高的洞穴中央，是一尊冥想状的大佛像。它是完全用花岗岩雕刻而成的，其精美的工艺让人不禁赞叹。

1991年，丹布拉金庙以其独特的形态、古老的雕像和精美的壁画被列入世界文化遗产名录。所有人必须光脚进入，因为它不仅是一处景点，也仍旧履行着佛教庙宇的功能。

# 住在地下洞穴里

欧洲最大的岩石教堂位于法国的圣埃美隆。为了修建它，人们挖凿出了15 000立方米的岩石。要知道，那可是在距今1000年前，挖凿岩石没有任何机器辅助，全靠人工。

意大利南部的马泰拉市有许多地下洞穴，城里的很多住宅甚至就在洞穴中。

马泰拉历史悠久，直到20世纪50年代，这些洞穴一直是穷人的住房。如今它们都被改建成了高级酒店和度假旅馆，重新充满生机。

当地的格拉维纳河冲击凝灰岩层，产生了陡峭的岩石立面。几千年以来，人们就在这陡峭的凝灰岩立面上居住。一开始是住在天然的洞穴中，后来洞穴逐渐被扩大，有些人就用砖在洞穴前搭建了前院。

8世纪，人们在马泰拉修建了一座教堂。整个建筑是沿着峡谷修建的，十分狭长，有多个入口通往修道院的不同地方。这座修道院的圣玛丽教堂本来有三座中殿，如今只有一座保留了下来。

这座教堂如今由两部分组成，一部分是从岩石中开凿出来的洞穴，一部分是修建在洞穴前的建筑。

马泰拉的圣彼得教堂诞生于12—13世纪。这座教堂的地下有许多壁龛，牧师们过世后，遗体就直接放在龛上。遗体穿着正式的长袍，待到肉体完全风化后，人们会移走遗骨，只剩下残存的长袍。

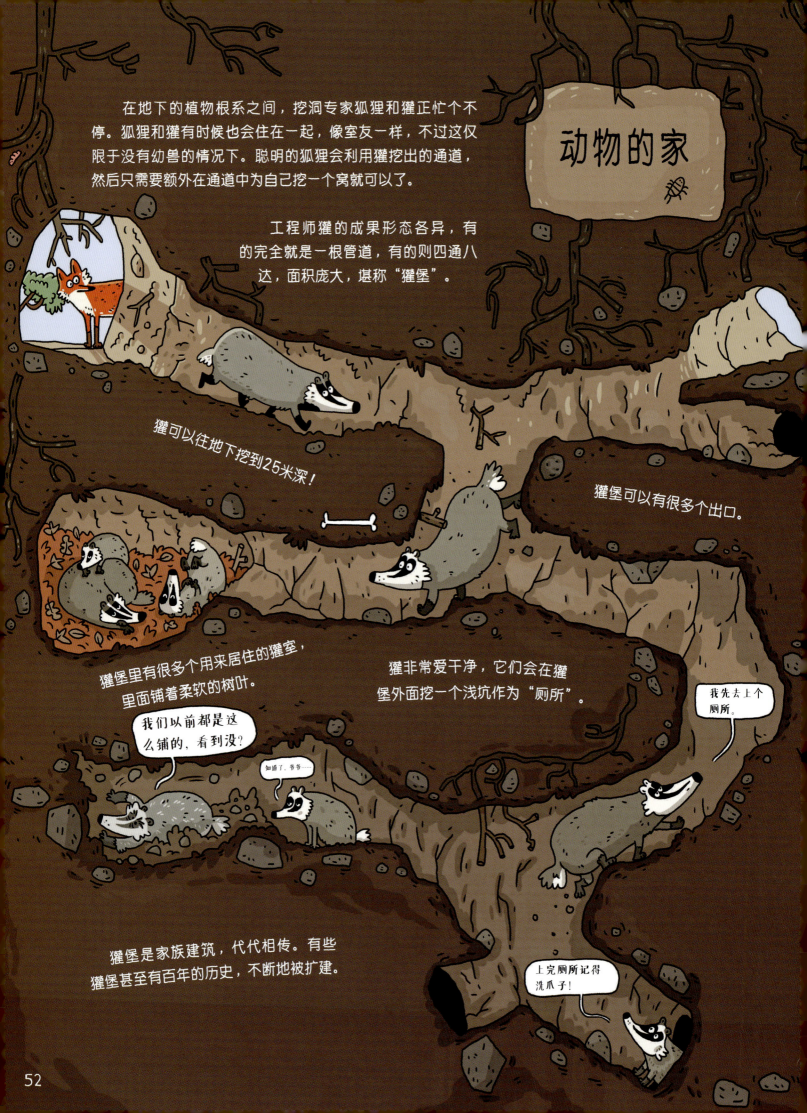

在地下的植物根系之间，挖洞专家狐狸和獾正忙个不停。狐狸和獾有时候也会住在一起，像室友一样，不过这仅限于没有幼兽的情况下。聪明的狐狸会利用獾挖出的通道，然后只需要额外在通道中为自己挖一个窝就可以了。

工程师獾的成果形态各异，有的完全就是一根管道，有的则四通八达，面积庞大，堪称"獾堡"。

动物的家

獾可以往地下挖到25米深！

獾堡可以有很多个出口。

獾堡里有很多个用来居住的獾室，里面铺着柔软的树叶。

獾非常爱干净，它们会在獾堡外面挖一个浅坑作为"厕所"。

我先去上个厕所。

我们以前都是这么铺的，看到没？

知道了，爸爸……

獾堡是家族建筑，代代相传。有些獾堡甚至有百年的历史，不断地被扩建。

上完厕所记得洗爪子！

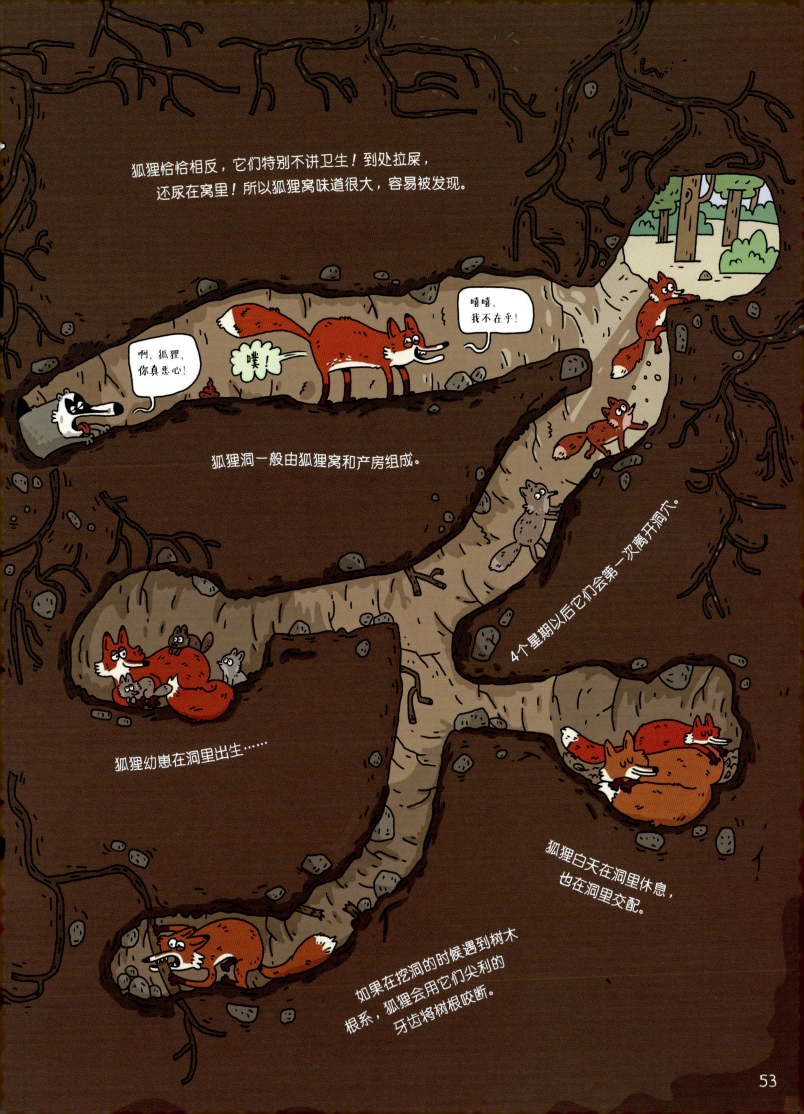

狐狸恰恰相反，它们特别不讲卫生！到处拉屎，
还尿在窝里！所以狐狸窝味道很大，容易被发现。

啊，狐狸，
你真恶心！

噗！

嘻嘻，
我不在乎！

狐狸洞一般由狐狸窝和产房组成。

4个星期以后它们会第一次离开洞穴。

狐狸幼崽在洞里出生……

狐狸白天在洞里休息，
也在洞里交配。

如果在挖洞的时候遇到树木
根系，狐狸会用它们尖利的
牙齿将树根咬断。

獾属于鼬科，是其中体形最大的成员，它们可以长到90厘米长，体重可以达到20千克。

有些种类的獾脸上的黑白纹路有点像银行劫匪。

獾是群居动物，一家人住在一起，包括父母、当年出生的幼獾，以及前一年出生的小獾。幼獾长到一两岁的时候会离开父母，建立自己的家庭。

獾的前爪又长又有力，向下弯曲的爪仿佛挖掘机的斗，向地下挖掘的效率很高。

通常来说，白天它们主要在洞里睡觉，等到天黑……

就跑出来找东西吃。

獾爱吃的东西主要是在地面上找到的，根据居住区域的不同，它们吃的食物也不同。比如，森林里的獾会吃甲虫、昆虫幼虫和蠕虫。獾很喜欢吃树上掉下来的果子，还有玉米棒。如果觅食时发现在地面孵化的雏鸟或者老鼠的窝，它们也会吃掉雏鸟，或是将老鼠的窝劫掠一空。

狐狸是一种非常聪明的动物，人类常说"狡猾的狐狸"是有道理的。

狐狸适应性很强，它们喜欢森林里的幽静。

当森林里的树木越来越少时，它们可能会搬到人类居住的城市里，找一个安静的角落生活。

城里的狐狸和野外的狐狸面临着完全不一样的危险。科学家在德国柏林研究发现，当地的狐狸一代比一代更适应人类的道路交通。狐狸父母甚至教孩子过马路前要左右看车。

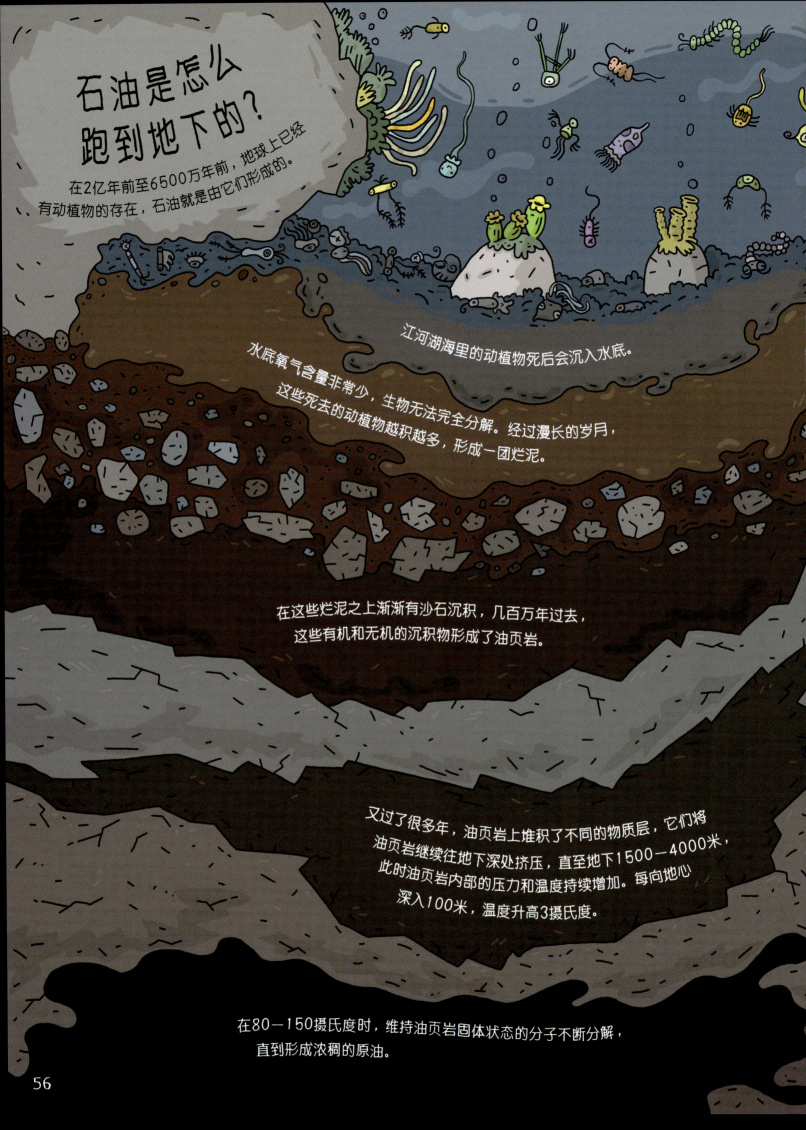

# 石油是怎么跑到地下的？

在2亿年前至6500万年前，地球上已经有动植物的存在，石油就是由它们形成的。

江河湖海里的动植物死后会沉入水底。

水底氧气含量非常少，生物无法完全分解。这些死去的动植物越积越多，经过漫长的岁月，形成一团烂泥。

在这些烂泥之上渐渐有沙石沉积，几百万年过去，这些有机和无机的沉积物形成了油页岩。

又过了很多年，油页岩上堆积了不同的物质层，它们将油页岩继续往地下深处挤压，直至地下1500—4000米，此时油页岩内部的压力和温度持续增加。每向地心深入100米，温度升高3摄氏度。

在80—150摄氏度时，维持油页岩固体状态的分子不断分解，直到形成浓稠的原油。

普通的压力可以把柠檬汁从柠檬中挤出。地下1500—4000米的压力如此巨大，以至于原油从岩石中被挤出来。原油比水轻，它顺着岩石层中的缝隙向上渗透，直至渗透到无法穿透的岩层。

这一无法穿透的岩层可能是盐层或者陶土层，它下方可穿透的岩层就像海绵一样吸收了许多原油。

有一种情况是，原油没有遇到无法穿透的岩层而到达地表，形成湖泊。石油中的挥发物质很容易就挥发了，湖泊里剩下的是干硬的沥青。世界上最大的沥青湖是位于加勒比海特立尼达岛上的彼奇湖。

# 怎样开采石油？

寻找地下的石油矿藏是件非常困难的事情。来自不同领域的科学家们通常会合作勘探，这样能提高发现效率，毕竟石油钻探的费用高昂。

地质学家们研究的是地球千百万年前的面貌，以及如今的地质结构是怎么形成的。他们会研究岩石层，判断不同岩石的年龄。想要找到石油，就要知道储油的岩石层应该有怎样的结构，所以地质学家们一直是石油勘探队伍中的一员。

古生物学家研究灭绝的动植物。他们在初步确定的潜在的挖掘地点寻找化石，然后判断此处的岩石是否真的古老到可以产生石油。

爆炸专家也不能少。通过记录岩石爆炸后地面的震动情况，他们可以判断岩石的结构以及地下是否储藏着石油。

如果三个领域的专家意见达成一致，那么就可以开始钻探了。首先要修建钻井，以便将钻具送进地下，深度可达8500米。钻井的钻头不是只有一块部件，而是像伸缩杆一样有不同段，粗钻头段套着细钻头段，每段长达9米，不断向下。

一个钻井可以钻出多个井眼。

石油十分珍贵，被称为"黑金"，它富含人类可以使用的能量。经过加工，石油可以变成飞机和汽车等交通工具使用的煤油、柴油、汽油，以及取暖用的燃料油。

还有许多产品也是用石油提炼制成的，比如，石油是制成塑料的重要原料。没有石油就没有轮胎、化妆品、沥青、涂料、家用电器等。

在一些工业发达的国家，石油的消耗量尤其大，但地球上的石油储量不是无限的。算上已知的全部储藏量，石油还够人类使用大约153年，这还是按照目前的消耗量来计算的。

德国最大的石油矿床位于石勒苏益格-荷尔斯泰因州的瓦登海浅滩之下，大约有900亿升的储藏量。

与太阳能、风能不同，石油是不可再生能源。

## 洞穴里的常住"居民"

有些动物就是喜欢住在洞穴里面，它们只在迫不得已的时候才离开洞穴，这样的动物被称作真洞居生物。

欧洲洞穴蜘蛛喜欢在喀斯特地貌地区居住，因为那里有很多洞穴。不同的季节，它们会待在洞穴的不同位置。

哈哈！

夏季，它们在洞穴入口处结网，因为那里有更多苍蝇、蚊子和甲虫。冬天，它们喜欢在洞穴深处待着，因为那里的气温比较恒定。

科学家还不能确定，墨西哥丽脂鲤到底是一种独立的种类，还是没有眼睛版本的另一种脂鲤。这种鱼刚孵化出来的时候是有眼睛的，但在生长过程中眼睛会不断退化，最后完全消失，被一层皮膜遮盖住。

真香！我闻到猎物的气味啦。

吸溜！

今天出门该洗澡的！

墨西哥丽脂鲤的鳞片泛着银色，但它们其实没有颜色，它们的鳍和身体几乎是透明的。它们很擅长在黑暗中觅食，它们比一般的脂鲤牙齿更多，味觉也更敏锐，可以在黑暗中清楚地知道自己吃的是什么。

墨西哥丽脂鲤的身体里没有生物钟系统。生物钟通常在一天开始的时候通知细胞们准备工作，在一天结束的时候提醒我们该休息了。生物钟会消耗生物体内的能量，洞穴中黑暗无比，食物稀缺，为了节省能量，有利于生存，墨西哥丽脂鲤这一不必要的功能退化了。

你知道几点了吗？

兄弟，我没有时间概念。

以前，斯洛文尼亚下暴雨的时候，从当地的喀斯特地貌地区会冲出很多小动物，人们都以为这些是龙的幼兽。后来人们了解到那其实是洞螈，它们相貌奇特，鳃部外露。

洞螈的长度接近30厘米，仿佛一只长着小脚的蠕虫。因为它们生活的洞穴里没有阳光射入，不需要伪装，所以洞螈的皮肤几乎没有颜色，也没有什么天敌，透过皮肤甚至可以看见它们的内脏。

洞螈是两栖动物，所有两栖动物在幼体时期都有鳃外露的现象，但洞螈的外鳃即使到了成年也不会消失。洞螈的寿命很长，可以活到100岁，而且一直有繁殖能力。科学家在其体内没有发现任何"衰老"的迹象。

我就说嘛，心有多年轻，人就有多年轻。

古希腊语将地下的死亡世界称为"Hades"（哈迪斯），有一种蜈蚣就因为住在地下深处而被命名为"哈迪斯"（Geophilus Hadesi）。它们生活在地下1100米处，算是居住位置最深的生物之一，于2015年被发现。

那么深的地下自然是一片漆黑，所以这种蜈蚣不需要眼睛。它们的触角很长，可以有效地帮助它们越过障碍。它们足部的细爪附着力很强，便于它们在洞穴中爬行时紧紧地攀住岩石。它们的颚部很有力，猎物一旦被咬住便很难脱身。

# 为什么选择住在洞穴里?

洞穴里又湿又冷,食物还很少,为什么有些动物还是喜欢居住在这里而不愿意离开呢?

洞穴里其实有不同的分区:

光照比较充足的入口处,温度和湿度会随着外界的变化而变化。

昏暗的过渡带。

完全黑暗的洞穴深处,湿度和温度几乎没有变化。

苔藓和其他一些植物一般只生长在洞穴入口处以及过渡带的部分地方,过渡带里偶尔还有蘑菇生长。那洞穴里的生物吃什么呢?大部分洞穴都有流水经过,有时候会将蜗牛、甲虫以及碎枝烂叶冲进洞中。

一些喜欢洞穴但不会一直待在里面的动物也经常将食物带入洞穴，比如蝙蝠，它们的粪便落在洞底后会被细菌分解，成为洞穴居民的食物。

好吃。

真香！

啊呜！谢啦！

谢谢！

洞穴居民都不太挑食，它们什么都吃，也比较抗饿，所以能适应洞穴的艰苦环境。

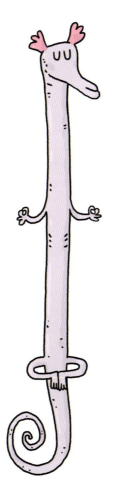

如果连动都不动，那自然没法繁殖。所以洞螈的繁殖和季节无关，只要时机合适，它们就可以交配。

新陈代谢缓慢的生物不需要很多食物，比如洞螈，它们可以不吃不喝撑上好几年。在此期间，它们一动不动地躺在洞里，等待食物的到来。

洞穴生活的最大好处是基本没有天敌，所以很多在地表没有什么竞争力的动物选择生活在洞穴里。

# 岩浆房和火山

在活火山的下方总是有一个或者多个岩浆房，这些岩浆房的深度和形状各不相同。

岩浆房中的岩浆产生于上地幔和地壳深处，我们行走和居住的地壳部分位于地幔之上，厚度一般为10—30千米，而地幔厚度大约为3000千米。

越往地下，压力越大，温度越高。这使得地下深处的岩石层状态不稳定，更易变形，更具流动性。

这个岩浆房位于火山下方几千米的地方，由一条管道和火山口相连。

地球不是光滑的球体，它比较像一个由几块皮子缝起来的旧皮球。缝接的地方不太光滑，有可能错位交叠，地球板块的构造原理差不多就是这样。

岩浆房里也有气体产生。

在板块交接的地方，有时候一个板块会俯冲到另一个板块下方，俯冲下去的板块的岩石会熔化形成岩浆，岩浆直接上涌或和水一起上涌形成岩浆房。

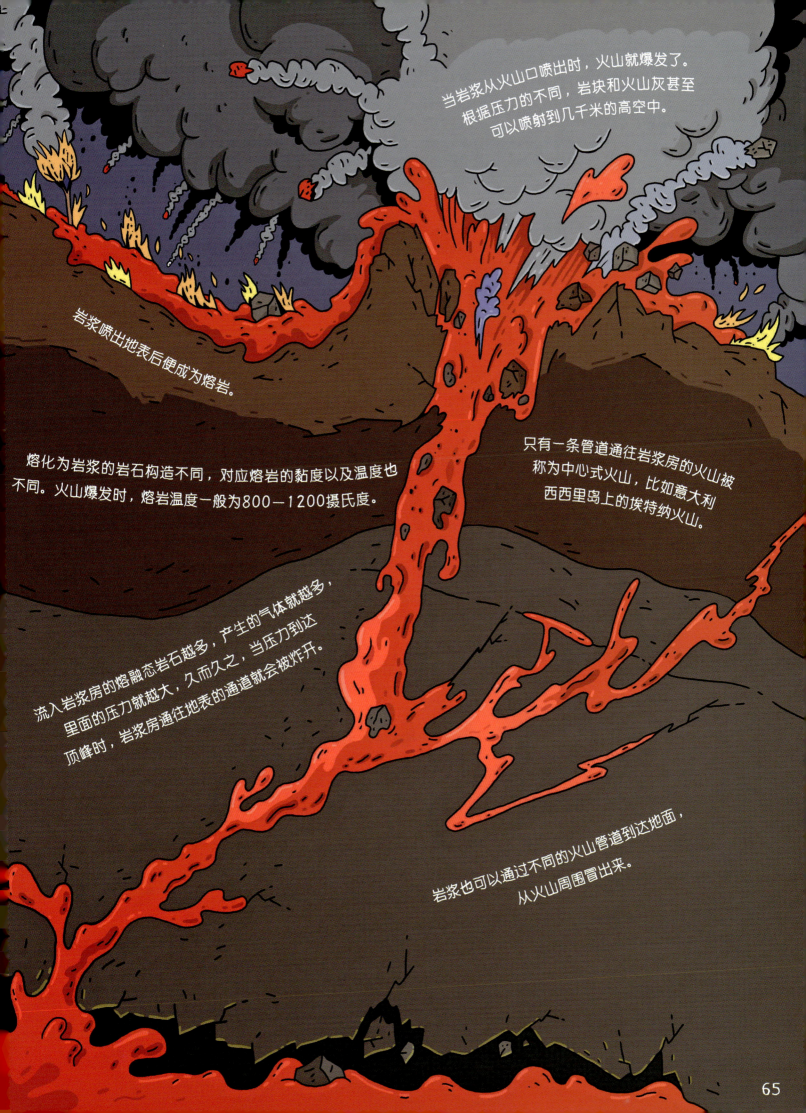

当岩浆从火山口喷出时，火山就爆发了。根据压力的不同，岩块和火山灰甚至可以喷射到几千米的高空中。

岩浆喷出地表后便成为熔岩。

熔化为岩浆的岩石构造不同，对应熔岩的黏度以及温度也不同。火山爆发时，熔岩温度一般为800－1200摄氏度。

只有一条管道通往岩浆房的火山被称为中心式火山，比如意大利西西里岛上的埃特纳火山。

流入岩浆房的熔融态岩石越多，产生的气体就越多，里面的压力就越大，久而久之，当压力到达顶峰时，岩浆房通往地表的通道就会被炸开。

岩浆也可以通过不同的火山管道到达地面，从火山周围冒出来。

# 欧洲的活火山

活火山指近一万年内爆发过或正在爆发的火山，不是只有不停冒烟或者喷出熔岩的火山才叫活火山。

欧洲北部和南部都有活火山，德国的埃菲尔山区也有。

西西里岛上的埃特纳火山高约3352米，十分壮观。

埃特纳火山下面有三个岩浆房，最大的位于地下30千米，第二大的位于地下20千米，最小的岩浆房距山顶仅2千米。

从狭义的角度来讲，最小的岩浆房其实不算是岩浆房，而是岩石中可以吸收岩浆的孔洞。

不是所有火山都以山的形式出现，比如，那不勒斯以西的弗莱格雷营火山看上去貌不惊人，却被很多专家认定为超级火山。

几万年前，其岩浆房里的岩浆全部喷出，以至山崩地裂，地势随后趋于平坦，没有了山的形态。

39 000年来，这里始终有频繁的火山活动，有些地方能看到沸腾的泥浆咕嘟咕嘟直冒泡，到处都有浓郁的硫黄气味。

弗莱格雷营火山的地势几万年来变化频繁，目前它趋于平缓，平均每个月上升0.7厘米，专家认为这意味着岩浆也会上升。

地球上的火山在喷发的时候都会有气体释放到地表，有时候能听到气体喷发的声音，但有时候没有动静，也没有气味……这就危险了！

1864—1888年，德国玛利亚·拉赫修道院发生了17起神秘死亡事件。所有修士均在睡梦中丧生，有可能是一氧化碳中毒。后来人们发现，修道院所在地曾经是一座活火山，曾造成欧洲最大的火山灾难之一。如今这里的火山活动趋于平静，但地下还是会冒出危险气体，如果不经常通风，人便会有生命危险。

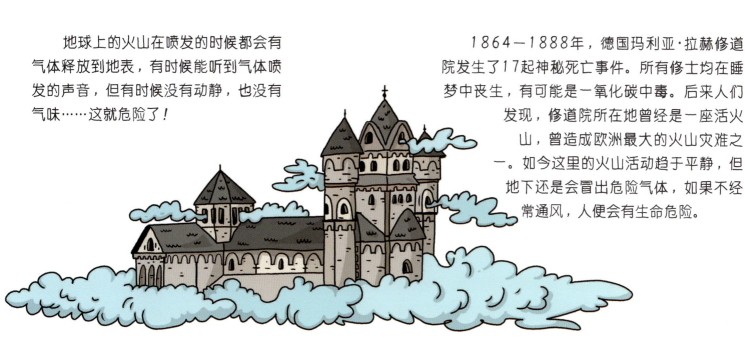

冰岛拥有欧洲最多的火山——130座！其中大约有30座是活火山。冰岛平均每十年就有一次火山爆发。

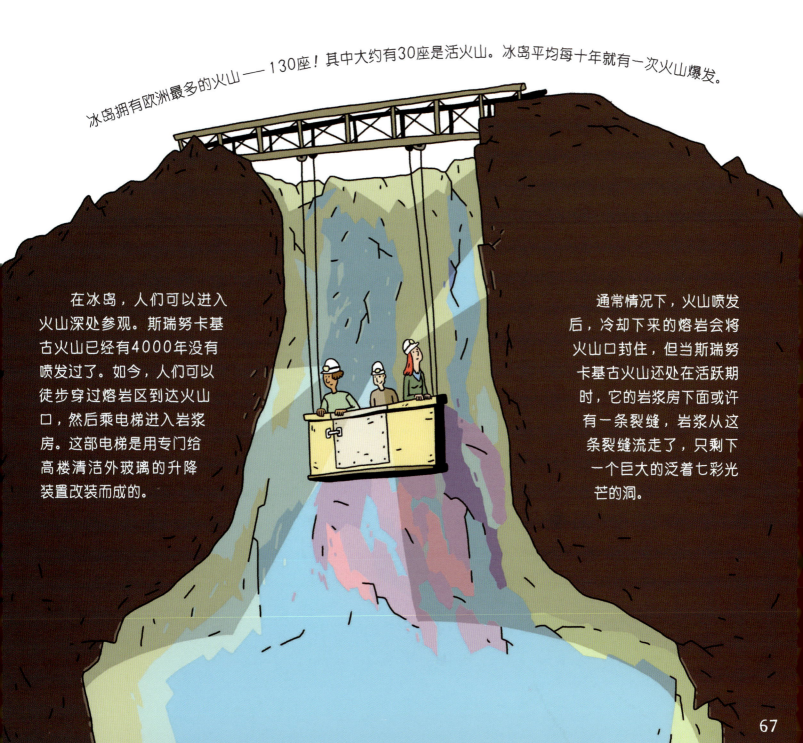

在冰岛，人们可以进入火山深处参观。斯瑞努卡基古火山已经有4000年没有喷发过了。如今，人们可以徒步穿过熔岩区到达火山口，然后乘电梯进入岩浆房。这部电梯是用专门给高楼清洁外玻璃的升降装置改装而成的。

通常情况下，火山喷发后，冷却下来的熔岩会将火山口封住，但当斯瑞努卡基古火山还处在活跃期时，它的岩浆房下面或许有一条裂缝，岩浆从这条裂缝流走了，只剩下一个巨大的泛着七彩光芒的洞。

# 粪便到哪里去了？

19世纪中期，英国伦敦是欧洲最大的城市，有250多万人口。人和牲畜的尿与粪便都直接通过化粪池流入泰晤士河。一旦雨量较大，污水就会冲上街道。

当时的有钱人家开始使用抽水马桶，这下子再也不用在房间里放臭烘烘的大小便容器了。可是抽水马桶里的尿液和粪便去哪儿了呢？还是进入了泰晤士河。

可想而知泰晤士河有多脏，可它竟然还是饮用水的来源。

1858年夏天，伦敦特别热，街上的粪水臭气熏天，人们走在路上被臭得几乎无法呼吸。伤寒、霍乱还有细菌性痢疾迅速传播。这一年伦敦如此难闻的状况被称为"大恶臭"。

这一年，上议院和下议院前所未有地达成了一致：这座城市需要一个好的地下排水系统。

伦敦地下排水系统是用3.18亿块红砖和波特兰水泥建造的。总工程师约瑟夫·巴泽尔杰特坚持使用波特兰水泥，这是一种硅酸盐水泥，十分坚固耐用且抗水性好。直到今天，伦敦的下水道系统仍然坚固如初。

巴泽尔杰特是当时的风云人物，他实际上是一位铁路工程师，对于抽水造陆很有经验。

高差不够的地方有水泵来帮忙。当时世界上最大的蒸汽机被用在伦敦地下排水系统里，将污水冲往下游。可想而知，水泵站有多么壮观。

想要污水流走，需要一个高差。巴泽尔杰特让每千米下水道有40厘米的高差，这样污水可以自动流走。

小型地下水流被并入这一系统，充当了"冲水工"。

巴泽尔杰特还设计出了椭圆形的下水道截面，这样即使污水量不多，也不会滞留。

这一地下排水系统的规划十分具有前瞻性，它考虑了伦敦人口增加一倍的情况，可以满足450万人的需求。

关于污水排到哪里去，巴泽尔杰特考虑良久，毕竟当时还没有污水处理厂。最后他决定将污水送到离伦敦尽可能远的泰晤士河段中，这样洪水来了也不会将污水冲回城市，而是注入大海。

整个地下排水系统全长近2.2万千米，投入使用后，伦敦再也没有暴发过大型瘟疫。

# 下水道堵了怎么办？

　　伦敦目前有900多万人口，是德国柏林的两倍多。虽然伦敦历经百年历史的地下排水系统还在工作着，但面对这么多人产出的大量污水，问题也不少。

　　伦敦的下水道经常堵塞。曾有一个巨大的块状油污破了世界纪录：它有250米长，130吨重！这是因为做饭用过的食用油进入下水道会变凉凝固成块，加之里面还包裹着尿布、湿巾和其他乱七八糟的东西，所以体积巨大。

　　3000万吨粪便没有经过处理就流入泰晤士河。有时候这些棕色的浓稠粪水会在河里滞留三个月之久，然后才缓慢注入大海。

　　为了减轻地下排水系统的负担，英国投入了41亿英镑，要修建一条32千米长的地下隧道承载污水，已于2023年完成。这是英国目前最深最长的隧道。

# 污水处理

污水处理有超过140年的历史了，此前的污水都是直接注入河流或者大海。在德国，平均每人每天大约使用130升水。每年大约要抽取3.2万亿升地下水。

不仅有来自家家户户的生活污水，还有工业污水。此外，地表的雨水携带了地面脏污以及轮胎磨损的微粒，也不干净。

这些污水在下水道中合流，进入污水处理厂。

首先会使用大型的格栅进行机械清洁，格栅有点像筛子，它将较大的污物分离出去，比如尿布、卫生巾、卫生纸和头发团等，这些都是人们有意或无意冲入马桶的。

雨水会携带大量的沙子、土壤和砾石进入下水道，它们比水重，会在污水处理厂的第一道工序中沉淀下来。

现在污水已经去除了很多大的脏污，接下来进入到预处理池，一些小的污物可以继续沉淀下来。

这时会有很多帮手加入：微生物会将水里所有无法进行机械分离的脏污颗粒都吃掉，比如油分子、粪便颗粒、化肥等。微生物十分勤劳，它们工作起来会消耗很多氧气，所以人们还需要用泵不停地往池子里注入新鲜空气。

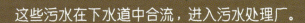

大便最好吃！

味道好极了。

啧啧！

嗝，我吃饱啦！

当微生物大快朵颐后，它们就会在后处理池中沉淀下来，形成污泥。这种污泥开始发臭的时候会产生沼气，可以用来发电和供暖。

现在的污水已经可以排入湖泊、河流和大海，但里面仍然有药物成分残留，所以切记不要将药品冲入马桶或者洗脸池。此外，处理后的水中也还存在细菌。

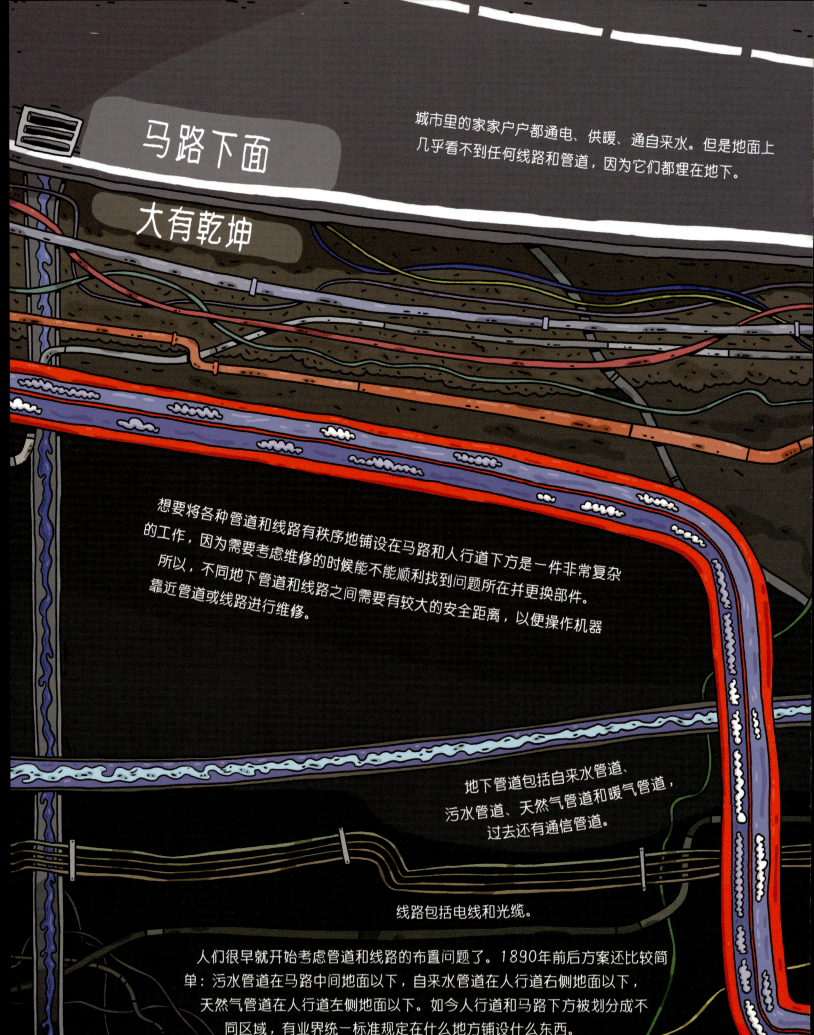

# 马路下面

## 大有乾坤

城市里的家家户户都通电、供暖、通自来水。但是地面上几乎看不到任何线路和管道，因为它们都埋在地下。

想要将各种管道和线路有秩序地铺设在马路和人行道下方是一件非常复杂的工作，因为需要考虑维修的时候能不能顺利找到问题所在并更换部件。所以，不同地下管道和线路之间需要有较大的安全距离，以便操作机器靠近管道或线路进行维修。

地下管道包括自来水管道、污水管道、天然气管道和暖气管道，过去还有通信管道。

线路包括电线和光缆。

人们很早就开始考虑管道和线路的布置问题了。1890年前后方案还比较简单：污水管道在马路中间地面以下，自来水管道在人行道右侧地面以下，天然气管道在人行道左侧地面以下。如今人行道和马路下方被划分成不同区域，有业界统一标准规定在什么地方铺设什么东西。

不管是公共建筑还是私人土地，往地下施工的时候都要遵守基本规则：问清楚了再挖！因为经常出现管道和线路被挖坏的情况。

这次我来截断电线，你负责处理投诉。

几乎没有城市有准确的地图记载所有的地下管道和线路，所以往地下挖的时候碰到搞不清楚的线路就很麻烦。这时候有一个笨办法：先截断，然后等受影响的人投诉，这样就知道该管道或线路是干什么用的了。

天然气通常来自很远的地方，比如来自俄罗斯的天然气从当地到达德国市民的灶台或者暖气炉需要六天。天然气不会流动，是通过压力推动的。

供暖管道里一般是滚烫的水或者水蒸气。在很多国家，首先由发电厂将水加热，然后送往各家各户，冷却后的水再回到发电厂。因为管道中的热量损失很大，所以供暖管道一般都不长，最多30千米。

# 地下物流

地下的气动管道物流系统由一种空心管道组成，里面是不同大小的运输罐，它们通过压力或者吸力被送往各处。

在大城市里，道路交通很早就不堪重负，而股市、银行还有政府部门需要将重要信息尽快送达，所以人们想到了使用不受地面交通影响的地下物流。

英国工程师乔治·梅德赫斯特于1810年首次尝试通过压力差在管道中运输物品。1854年，乔赛亚·拉蒂默·克拉克获得了一项气动运输的专利。

1864—1983年，德国汉堡市一直都在使用气动运输。从20世纪60年代起，其气动管道直径达到45厘米，每个运输罐可以塞进2000封信，以200千米每小时的速度在地下飞驰。

间谍机构也使用气动运输系统。伦敦就有秘密的气动管道来运输政府文件，甚至有运输时间统计。如果某个运输罐没有在预定时间内送达，就会有警报响起，说明文件可能被间谍截获了。

有些医院直到今天还在使用气动运输系统。毕竟，通过压力差将一份血液样本送往化验室比人用腿跑着送快得多。此外，护士也可以使用气动管道每天给病人分发药品。

柏林的联邦总理府至今还有在用的气动管道，每天大约要用100次。如果通过人工来传送，得雇三个全职人员才能完成这一工作量。电子邮件容易被黑客窃取信息，而气动管道不会，所以直到今天，人们还在使用它。

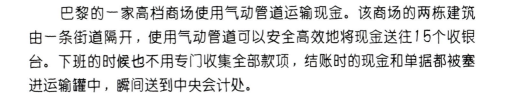

巴黎的一家高档商场使用气动管道运输现金。该商场的两栋建筑由一条街道隔开，使用气动管道可以安全高效地将现金送往15个收银台。下班的时候也不用专门收集全部款项，结账时的现金和单据都被塞进运输罐中，瞬间送到中央会计处。

# 战争的痕迹

工地施工有时候会挖出炸弹。

目前最常见的是小型手榴弹，大型的飞机投掷弹比较罕见。解决手榴弹的方式就是引爆，如果人站在旁边自然性命不保。在"二战"时期，共有近140万吨弹药被投掷到德国境内，其中有10%－20%是哑弹。

在德国西部的北莱茵－威斯特法伦州，战后50年的时间里就发现并拆除了22万枚炸弹，现在大概还有10万枚埋在地下、河流、湖泊和海洋里。"二战"结束于1945年9月，为什么过了这么多年还有这么多未发现的炸弹呢？这是因为战后的首要任务是城市重建，人们需要修建大量的住宅，没有时间仔细搜寻。

战争时期，城市是重要的战略目标，首当
其冲受到猛烈攻击。但其实森林里也经常发现
炮弹和手榴弹，这是部队储藏在那里的。

森林里的弹药大部分埋得不深，只有
30—40厘米深。这样其实很危险，
尤其是在长期干旱的时候，森林容易起火，
这些弹药可能会爆炸，造成巨大的破坏。

而飞机投掷下来的炸弹重量可达1.8吨，
掉下来的时候可以砸进6米深的地下，
所以不会因为森林大火而被引爆。

在德国，平均每年都会有一起哑弹自爆事件。

# 如何处理遗留炸弹？

为了避免工地工人碰到炸弹，大型建筑工地开工前一般都会有专人排查是否有遗留的炸弹。为此需要查阅"二战"时期盟军的资料。如果怀疑某工地有这种情况，那就要使用金属探测仪进行探测。不过有时候虽然探测仪发出声响，但下面可能只是一个旧浴缸。

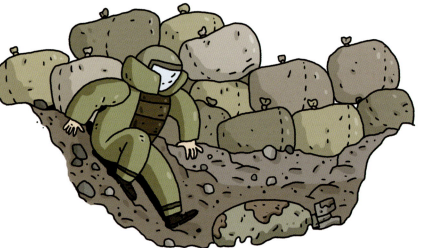

哑弹是不可以运输到其他地方处理的，因为途中爆炸的危险太大，所以必须在发现点就地处理。拆除炸弹难就难在如何小心地挖出引线又不会震动到炸弹本体。

炸弹是在战争时期投下的，其引线大多处于随时可以燃烧的状态，所以非常危险。拆弹人员必须先识别炸弹的类型，这样才不会在拆弹时犯下致命错误。

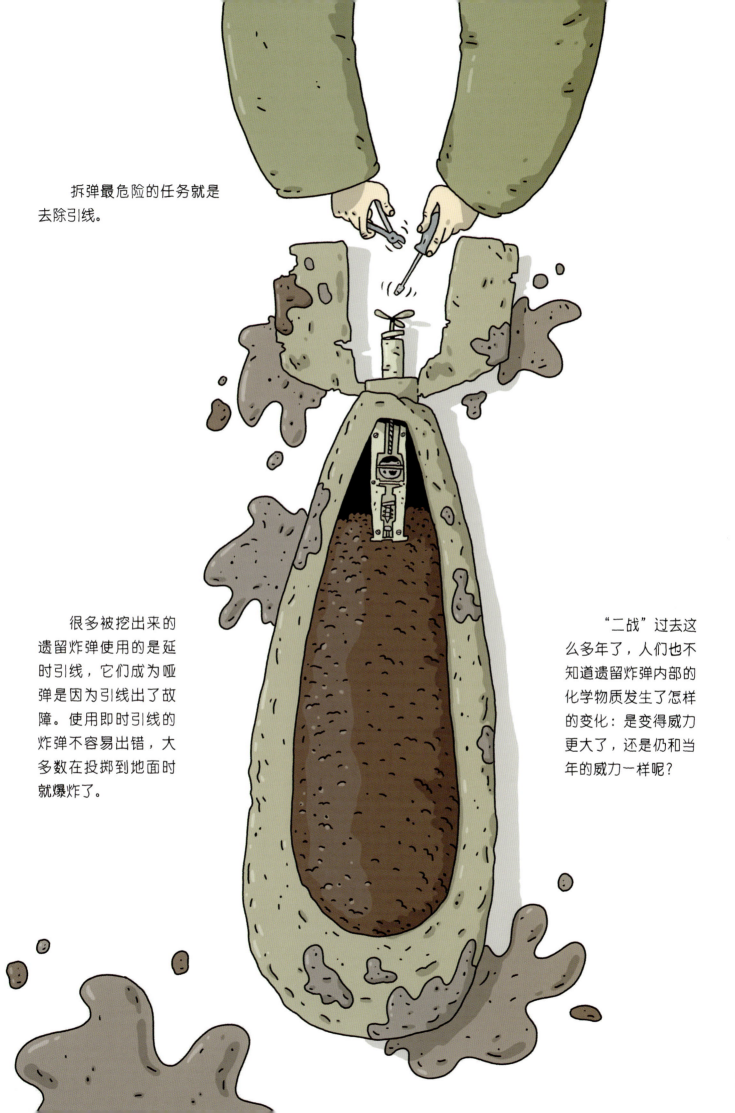

拆弹最危险的任务就是去除引线。

很多被挖出来的遗留炸弹使用的是延时引线，它们成为哑弹是因为引线出了故障。使用即时引线的炸弹不容易出错，大多数在投掷到地面时就爆炸了。

"二战"过去这么多年了，人们也不知道遗留炸弹内部的化学物质发生了怎样的变化：是变得威力更大了，还是仍和当年的威力一样呢？

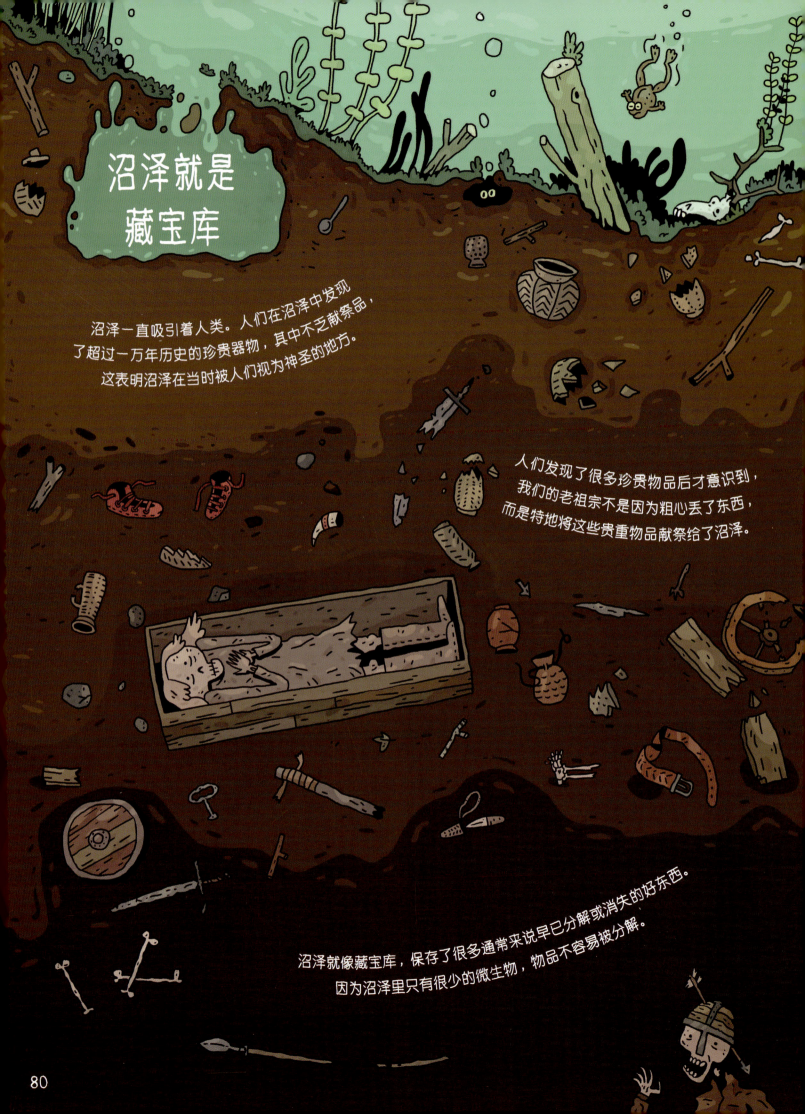

# 沼泽就是藏宝库

沼泽一直吸引着人类。人们在沼泽中发现了超过一万年历史的珍贵器物，其中不乏献祭品，这表明沼泽在当时被人们视为神圣的地方。

人们发现了很多珍贵物品后才意识到，我们的老祖宗不是因为粗心丢了东西，而是特地将这些贵重物品献祭给了沼泽。

沼泽就像藏宝库，保存了很多通常来说早已分解或消失的好东西。因为沼泽里只有很少的微生物，物品不容易被分解。

乐器可以是献祭品。沼泽中经常发现成对
的卢尔（Lur）。这是一种大型的吹奏乐器，
精美异常，可能在仪式典礼中使用，
堪称青铜时代的管风琴。

古罗马硬币也经常出现在沼泽中，
它们的中间常常有孔，可以
串在皮绳或者金环上作为首饰。

羊毛在沼泽中可以保存很久，沼泽里经常
发现有几千年历史的羊毛团。

用羊毛制成的衣物自然也可以保存下来。因为当时没有扣子，
所以人们使用雕刻精美的扣针将衣服合拢起来。
这些扣针也留存了下来。

很久很久以前，人们为了安全穿越沼泽，
修建了木桩路。目前考古发现了20条这样的木桩路，
它们源自公元前4600年至公元3世纪。

木桩路各有不同，有宽达5米的坚实"大路"，
也有狭窄的通往献祭地点的"小道"。

在这些木桩路两旁，考古学家们发现了衣物、
车轮、车体、雕刻精美的木尺、精
美的铁器和马镫。

我带了一个花瓶，
你要献祭什么？

国王的
尸首……

1935年，人们在德国汉堡西侧的一处沼泽里发现了一把匕首，它有着木制手柄
和皮制刀套，有4000多年的历史！在此之前，考古学家们还以为
当时的人仅仅使用火石磨成的刀片当武器呢。

青铜时代

这儿真不错。

嗡……

中世纪

好可怕啊！

咕咕！

呱呱！

直到中世纪，人们才开始将沼泽视为凶险可怖之地。

1957年7月，在德国的巴伐利亚州南部，一辆挖掘机在佩廷镇一处开采泥炭的沼泽里发现了一个木箱子。这只木箱子埋得不深，仅50厘米。这其实是一具棺材。里面的女尸可能在中世纪晚期就葬在这里了。她穿着精致的羊毛裙，戴着发带，皮靴也保存完好。

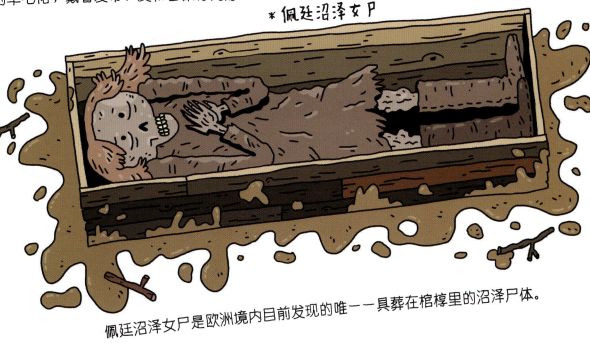

**＊佩廷沼泽女尸**

沼泽中埋葬的尸体即使超过一千年也可以保存完好，所以科学家可以研究、发现他们生前的很多信息，比如她的肺里有很小的碳烟粒，说明她经常用明火做饭。

其胃容物表明她的最后一餐是沙拉、蔬菜和谷物。女尸死亡时大约25岁，死前生过一个孩子。

佩廷沼泽女尸是欧洲境内目前发现的唯一一具葬在棺椁里的沼泽尸体。

## ＊红发弗朗茨

红发弗朗茨是一具男性沼泽尸体，于1900年6月在德国与荷兰交界处被发现。

弗朗茨全身的毛发得以保存，它们被沼泽里的水染成了棕红色，他也因此得名。

弗朗茨生活在公元元年至公元200年。他的大腿骨变形较严重，专家们认为他经常骑马，应该是骑手一类的职业。

弗朗茨的年龄为25—32岁。

沼泽中没有可以分解尸体的微生物，而是含有很多鞣酸，这种物质能将皮肤变得坚硬，呈黑褐色，就像鞣化处理过的皮具一样。

直到20世纪20年代，欧洲的药店里还在售卖据说是用埃及木乃伊磨成的粉末。那时候的人们相信木乃伊粉末包治百病。专家们猜测沼泽尸体也被制成了木乃伊，然后被研磨成粉末售卖。

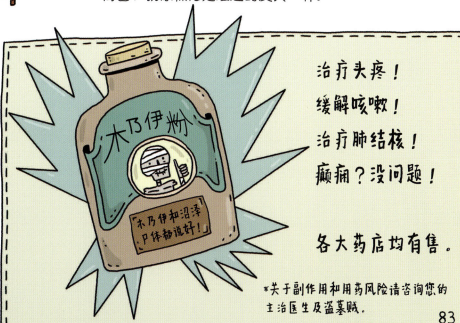

木乃伊粉

木乃伊和沼泽尸体都说好！

治疗头疼！

缓解咳嗽！

治疗肺结核！

癫痫？没问题！

各大药店均有售。

＊关于副作用和用药风险请咨询您的主治医生及盗墓贼。

83

# 冰山屋——不仅仅是地下室

超级富豪也有烦恼，尤其是当他们住在拥挤的城市时。富豪们迫切需要更大的空间。在伦敦就有所谓的"冰山屋"，其地下室面积比整个地面部分还要大，正如冰山露出海面的仅仅是一角而已。

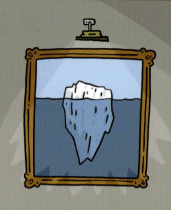

伦敦的地皮非常贵，在热门的居住区几乎没有闲置的地方。现有的房子又都是历史建筑，需要保护。那么超级富豪嫌房子小怎么办呢？把邻居的房子买下来吗？可是对方往往也是富豪，压根不愿意，所以只能往地下扩建。

这样的地下空间可塑性很强。喜欢车的可以修建地下车库，配上电梯，可以直接将车送到地面车道上。

有一位基金经理特别喜欢跳水，所以他在家里的地下室修建了跳台和深水泳池，还附带了普通泳池和桑拿房。

其中一个泳池的底部是活动的，可以升出水面，作为舞厅或者派对空间使用。

我是不是来太早了？派对还没开始。

年份不错。

您是说酒还是说我呀？呵呵……

今天开哪辆车好呢？

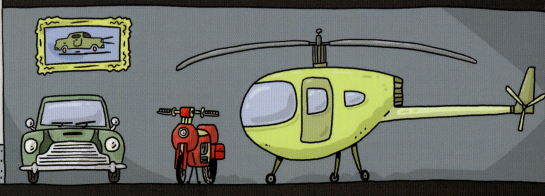

有了冰山屋，把一些不需要展示给客人的空间 —— 比如厨房 —— 搬到地下就很方便。

用人的房间也可以安排到地下。当然，用人喜不喜欢就不好说了。不过大部分用人也没有选择余地。

地下家庭影院也很实用：可以邀请朋友参加私人首映，这样不会有别的观众打扰；还可以用影院为小孩子庆祝生日。

小孩子的游戏房也可以设在地下，配备攀岩墙、秋千、滑梯，以及捉迷藏的秘密基地。

你还有爆米花吗？

嘘！

还有一种很流行的设置是在地下留出一个藏身之所，当家里进贼的时候主人可以藏进去。房间没有窗户，从里面反锁后绝对安全，主人可以在房间内报警。

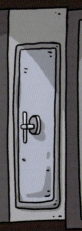

喂？警察吗？

当警察来的时候，主人待在这样的房间里，不会被警察误认为是贼的同伙而误伤。

不过地下扩建有时候也会出乱子。2016年，在泰晤士河畔的一个高档社区，一栋18世纪建造的老房子在地下扩建的过程中直接坍塌了。

# 地下室——
## 一个充满秘密的地方

地下室位于地下，人们走过沿街的房子时，有时可以看见屋里发生了什么，但地下室里发生的一切便没人知道了。德语里"Keller"（地下室）一词来自拉丁语Cellarium，指"储藏室""酒窖"等。

过去没有冰箱，也没有随时都能去买菜的超市，所以人们把收获的蔬菜、水果和制作好的黄油等奶制品储藏在地下室里。地下室可以一直保持较低的温度。这一点早在古罗马时期就已经为人所知了。

早在新石器时代，人类就开始储藏食物了，不过那时候是存放在阴凉湿润的山洞里。

中世纪时，人们也在地下室里储藏食物。在城堡中，潮湿的地下室还经常用作监狱或者刑讯室。犯人们的哭喊无法穿透厚厚的墙砖，所以地下室里发生了什么外界一无所知。很少有犯人能够在那种极致黑暗、潮湿和寒冷的状况下活过几个星期或者几个月。

中世纪时，不只城主们使用地下室来储藏啤酒、葡萄酒和食物，商人们也会选择临街的地下室门面，这样既方便储藏，又能直接临街销售。

地下室人来人往，逐渐发展出了在其中社交的传统。如今在欧洲的老城市中，仍然有开在地下室的葡萄酒铺或者啤酒铺。

还有很多夜店也都在地下，毕竟地下室很有神秘的气氛。

19世纪末20世纪初，在柏林等迅速发展的大城市里，很多穷人住在地下室。富人们都住在地面上，他们会在地下室里储藏煤炭。

在"二战"期间，很多地下室被临时用作防空洞。

你属于另一拨"特殊的东西"。

后来，地下室用来存放人们不需要但也不想扔掉的东西，变成了一个特殊的充满回忆的地方。

# 地下农场

在伦敦地下33米的地方有一处农场。

里面种满了茴香、香菜、芥菜、豌豆、大蒜和山葵等。

地下农场里的照明设备当然耗电，但比一般的需要加热的地面温室大棚要省电得多。

蔬菜生长需要光，在地下农场里，光线由LED灯管提供。植物最爱吸收的光谱是红光和蓝光，这两者混合就成了粉红光。

不是蔬菜不许进！

地下不受外界天气的影响，没有霜冻和冰雹，每一粒种子都能长成一棵蔬菜，所以地下农场效率很高，经济效益也大。

地下农场源自"都市农业"这个概念，人们在有大量需求的城市中心的地下种植蔬菜。

这样的话，运输距离很短，城市的车流量会减少，产生的汽车尾气也会变少。

这个防空洞属于伦敦地铁公司。因为一直闲置，所以价格比地面上同等大小的土地便宜很多。

这个地下农场本来是"二战"时期的一个防空洞，是一条500米长的管道状空间，当时可以为12 000人提供庇护。农场的主人起初也在地面上寻找过种植空间，但是没有找到合适的。

专家认为，到2050年，全世界五分之四的人口都会生活在城市里，所以也要在超级大城市中找到种植蔬果的地方，为人们提供新鲜食物。地下农场无疑是一个好主意。

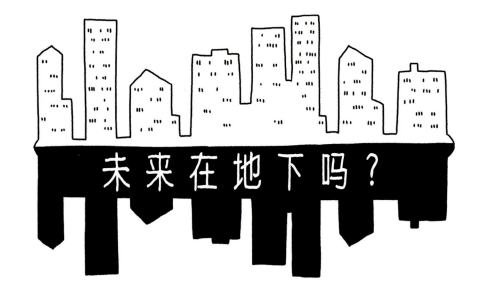

# 未来在地下吗？

人们早就达成一致：大城市地下空间的使用必须进行优化，尤其是农业和商业在地下都有很多发展空间。

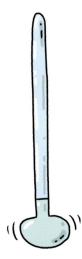

有些大城市需要为气候变化做好准备。要知道，极寒的冬季大雪纷飞，地面交通几乎瘫痪，人们在零下20摄氏度的气温下肯定不想出门。而夏季酷热的时候人们只会在大清早和傍晚出去。

早在20世纪60年代，加拿大蒙特利尔的城市规划者就开始规划地下城市。蒙特利尔市中心有一座玛丽城广场大厦，大厦里有购物中心、影院、咖啡店和各类其他商铺，是冬季热门的人群聚集地。

渐渐地，在玛丽城广场大厦的地下延伸出了一座地下城，这座地下城包括32千米长的步行街和60座商铺和住宅。住在蒙特利尔市中心的人们冬天不需要裹得严严实实，因为大部分生活需求可以在地下解决。饭店、博物馆、商场、画廊、影院、冰球场、地铁站、公交车站、火车站等都在地下，甚至有一座教堂也在地下。

大学生们可以从地下前往两所大学。游客们可以从酒店由地下通道前往会议中心参观，完全不需要经过地面。

这座地下城为蒙特利尔减少了很多负担：城市交通和空气质量都在变好，市中心的车祸次数也变少了。

瑞士位于欧洲中央，欧洲南北货运交通都会经过这里，所以其高速公路上总是有很多车，尤其是大城市周边更是爆满。于是，一个"地下隧道货运网络"在瑞士诞生了。

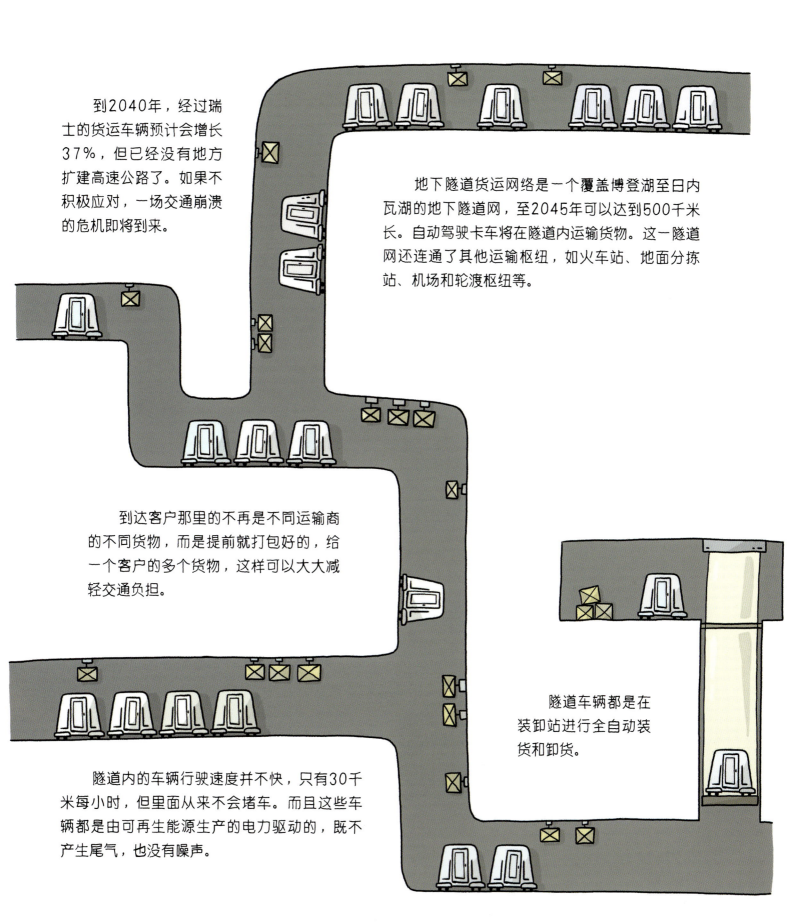

到2040年，经过瑞士的货运车辆预计会增长37%，但已经没有地方扩建高速公路了。如果不积极应对，一场交通崩溃的危机即将到来。

地下隧道货运网络是一个覆盖博登湖至日内瓦湖的地下隧道网，至2045年可以达到500千米长。自动驾驶卡车将在隧道内运输货物。这一隧道网还连通了其他运输枢纽，如火车站、地面分拣站、机场和轮渡枢纽等。

到达客户那里的不再是不同运输商的不同货物，而是提前就打包好的，给一个客户的多个货物，这样可以大大减轻交通负担。

隧道车辆都是在装卸站进行全自动装货和卸货。

隧道内的车辆行驶速度并不快，只有30千米每小时，但里面从来不会堵车。而且这些车辆都是由可再生能源生产的电力驱动的，既不产生尾气，也没有噪声。

**版权合同登记号 图字：22-2022-120**

**图书在版编目（CIP）数据**

藏在地下的秘密 / （德）安妮特·马斯文 ；（奥）霍斯特·黑尔迈尔图 ；李婧译. -- 贵阳：贵州人民出版社，2023.11（2025.1 重印）
ISBN 978-7-221-17979-1

Ⅰ. ①藏… Ⅱ. ①安… ②霍… ③李… Ⅲ. ①科学知识-儿童读物 Ⅳ. ①Z228.1

中国国家版本馆CIP数据核字(2023)第192604号

---

CANG ZAI DIXIA DE MIMI

藏在地下的秘密

［德］安妮特·马斯　文　　［奥］霍斯特·黑尔迈尔　图　李　婧　译

---

出 版 人　朱文迅
策　　划　蒲公英童书馆
责任编辑　颜小鹂　执行编辑　肖杨洋
装帧设计　王艳霞
责任印制　郑海鸥

---

出版发行　贵州出版集团　贵州人民出版社
地　　址　贵阳市观山湖区中天会展城会展东路SOHO公寓A座（010-85805785　编辑部）
印　　刷　北京利丰雅高长城印刷有限公司（010-59011367）
版　　次　2023年11月第1版
印　　次　2025年1月第2次印刷
开　　本　635毫米×965毫米　1/16
印　　张　6.25
字　　数　78千字
书　　号　ISBN 978-7-221-17979-1
定　　价　118.00元

---